Libertad financiera

¿Quieres invertir tu dinero y no sabes cómo empezar? Aprende herramientas de inversión, evita los errores más comunes y obtén libertad financiera (¡No necesitas ahorros!)

Copyright 2019 - Todos los derechos reservados

El siguiente eBook se reproduce a continuación con el objetivo de proporcionar información lo más precisa y fiable posible. A pesar de todo, la compra de este eBook puede considerarse como un consentimiento al hecho de que tanto el editor como el autor de este libro no son de ninguna manera expertos en los temas tratados en él y que cualquier recomendación o sugerencia que se haga en el presente documento es solo para fines de entretenimiento. Los profesionales deben ser consultados cuando sea necesario antes de emprender cualquiera de las acciones aquí aprobadas.

Esta declaración es considerada justa y válida tanto por la Asociación Americana de Abogados como por el Comité de la Asociación de Editores y es legalmente vinculante en todos los Estados Unidos.

Además, la transmisión, duplicación o reproducción de cualquiera de los siguientes trabajos, incluyendo información específica, se considerará un acto ilegal, independientemente de si se realiza por vía electrónica o impresa. Esto se extiende a la creación de una copia secundaria o terciaria de la obra o de una copia grabada y solo se permite con el consentimiento expreso por escrito del Editor. Todos los derechos adicionales reservados.

La información de las páginas siguientes se considera en general como un relato veraz y preciso de los hechos y, como tal, cualquier falta de atención, uso o uso indebido de la información en cuestión por parte del lector hará que las acciones resultantes queden únicamente bajo este ámbito. No hay escenarios en los que el editor o el autor original de este trabajo pueda ser considerado de alguna manera responsable por cualquier dificultad o daño que les pueda ocurrir después de haber asumido la información aquí descrita.

Además, la información de las páginas siguientes está destinada únicamente a fines informativos y, por lo tanto, debe considerarse como universal. Como corresponde a su naturaleza, se presenta sin garantía de su validez prolongada o de su calidad provisional. Las marcas registradas que se mencionan se hacen sin consentimiento por escrito y de ninguna manera pueden ser consideradas como un endoso del titular de la marca registrada.

Tabla de Contenidos

INTRODUCCIÓN 6

CAPÍTULO 1: LOS COMPONENTES BÁSICOS DE LA LIBERTAD FINANCIERA 10
Cambios importantes en la mentalidad para empezar a acumular riqueza 10
Pasos esenciales para lograr la libertad financiera 12
Cómo establecer sus objetivos financieros 16
Cómo establecer sus metas a corto y largo plazo 20
10 maneras de salir de una deuda lo antes posible 21

CAPÍTULO 2: CÓMO PRESUPUESTAR DE MANERA CORRECTA 27
Cómo encontrar un presupuesto que funcione para usted 27
6 métodos de presupuestación que deben conocerse para no perder nunca más la noción del dinero 29
¿Qué presupuesto es el adecuado para usted? 34
7 maneras de hacer que el presupuesto sea más llevadero 35
7 pasos importantes para construir un buen crédito 39

CAPÍTULO 3: INVERTIR 101 44
Tipos de inversiones para agregar a su cartera 44
Consejos para elegir las acciones adecuadas para usted 53
¿Qué es un plan de inversión? 57
Las 5 mejores estrategias bursátiles de todos los tiempos 58

CAPÍTULO 4: ACCIONES DE DIVIDENDOS 63
Cuando una compañía paga dividendos 63
Diferentes tipos de dividendos 64
Elegir acciones que paguen altos dividendos 68

Cómo encontrar las mejores acciones de dividendos para su cartera 70
No cometa estos 10 errores de inversión de dividendos 71
Lo que necesita saber sobre las tasas de impuestos sobre dividendos 75
Dividendos Ordinarios vs. Dividendos Calificados 76

CAPÍTULO 5: COMERCIO DIARIO 78

¿Qué es el Comercio Diario? 78
Cómo empezar a operar en el día 80
Estrategias del Comercio Diario 84

CAPÍTULO 6: INVERSIÓN INMOBILIARIA 91

Aumentar el valor de su propiedad 91
Hacer dinero de la propiedad de alquiler 92
Cómo seleccionar un mercado objetivo 99
10 características importantes de los bienes raíces rentables 105
Las 15 mejores estrategias de inversión inmobiliaria 109

CAPÍTULO 7: OTRAS MANERAS DE AUMENTAR LA RIQUEZA 112

Cómo comenzar a invertir en fondos cotizados en bolsa (ETF) 112
Comience a ganar dinero ahora con los préstamos de igual a igual 116
Las 10 mejores estrategias para operar con criptomonedas 118
7 aplicaciones imprescindibles para los inversionistas de hoy en día 122

CONCLUSIÓN 126

Introducción

Todos nosotros buscamos la libertad financiera por diferentes razones. Puede ser que usted desee esta libertad para que pueda asegurar suficiente dinero para vivir cómodamente en sus años de retiro. Otros pueden estar buscando comprar una nueva casa, y aún otros pueden estar planeando una reserva de ahorros para sus últimos años.

Planificar cómo se mantendrá en su jubilación puede ser estresante, y la mayoría de las personas tienen preocupaciones de dinero que se ciernen sobre sus cabezas. ¿Cuántas veces ha dado la noticia y se ha enterado de que una persona adinerada acaba de declararse en bancarrota? Usted se estará preguntando, *si él no puede manejarlo con todo su dinero, ¿qué posibilidades tengo?*

Es una preocupación legítima. Una mirada retrospectiva a nuestra historia reciente nos dice que los tiempos han cambiado. Ya no podemos confiar en la seguridad laboral para que nos acompañe a lo largo de nuestras vidas. Los trabajos en los que usted podría permanecer por 30 años o más y jubilarse en un plan de pensiones apuesto son ahora pocos y lejanos. Si queremos libertad financiera en este mundo moderno, tenemos que aprender a pensar de manera diferente.

El reto al que todos nos enfrentamos es cómo conseguir esa seguridad financiera sin depender de los métodos tradicionales que las generaciones pasadas dieron por sentados. Esos días han terminado, y todos necesitamos planificar nuestro futuro financiero de manera más creativa.

En tales situaciones, puede ser difícil saber por dónde empezar. Tal vez esté pensando en invertir, pero no sabe lo suficiente como para tomar decisiones acertadas. Tienes miedo de perder el dinero que tanto te ha costado ganar en una apuesta de alto riesgo. O tal vez estás cansado de vivir de cheque en cheque y ves que necesitas pensar diferente.

O estás envejeciendo y tu cuerpo no quiere trabajar tan duro como antes. Ya sea que se esté levantando en años y planificando su jubilación o que esté comenzando y esté ahorrando para una gran compra o inversión, tiene sentido que empiece aquí con nosotros.

Hay muchas maneras en las que podemos hacer frente a este desafío. Todos hemos aprendido lo difícil que es simplemente poner su dinero en una cuenta de ahorros y esperar a que crezca. Las tasas de interés que ofrecen son tan bajas que usted probablemente siente que le está pagando al banco para que retenga su dinero en lugar de hacer algo con él.

Si usted ha pensado en alguna de estas cosas antes, entonces ha venido al lugar correcto. Se unirán a muchos otros de mentes similares que tienen las mismas preguntas. En las siguientes páginas, le mostraremos cómo puede alcanzar un nivel de riqueza financiera que lo pondrá en una posición segura, donde no tendrá que preocuparse por sus finanzas. Aquí, usted encontrará:

- Una guía de inversión para principiantes y varias opciones de inversión
- Ideas sobre cómo ganar más dinero sin necesidad de mucho trabajo extra
- Consejos para establecer objetivos a corto y largo plazo y por qué son importantes

- Información esencial que puede aplicarse a una amplia variedad de necesidades financieras.

Existen muchas alternativas para aumentar su dinero y establecer un futuro seguro para usted. Las respuestas están ahí para cualquiera que tenga los medios para buscarlas. No son nuevos, mágicos, ni siquiera místicos. Este libro está diseñado específicamente para enseñarle algunas de esas alternativas y cómo utilizarlas puede hacer una gran diferencia para ayudarle a lograr su libertad financiera.

Nos han enseñado que la manera más rápida de llegar a cualquier destino es en línea recta. Sin embargo, a diferencia del ahorro, no siempre es así. Invertir requiere que usted tome unas cuantas vueltas aquí o allá y es muy probable que se encuentre con algunos baches en el camino. Pero, si usted mantiene el rumbo, sus decisiones de inversión podrían ayudarle fácilmente a lograr la libertad financiera mucho antes de lo que usted piensa.

Una vez que aplique los principios de este libro, las recompensas por su arduo trabajo definitivamente valdrán la pena. Usted tendrá:

- Libertad de preocupaciones monetarias
- Libertad de deudas
- Libertad para hacer lo que quieras
- Libertad de la ansiedad dolorosa
- Una mejor relación con el dinero
- Libertad para vivir una vida basada en sus valores
- Más confianza en su capacidad para administrar el dinero
- Menos estrés, lo que significa mejor salud

- Libertad para hacerse rico en sus propios términos

Si está listo para cambiar su vida para mejor, dejar de existir simplemente en este mundo en lugar de vivir verdaderamente, entonces es hora de que dé el siguiente paso. Cuanto antes comience, más pronto se verá recorriendo ese camino hacia la libertad financiera. Es mi responsabilidad guiarlo paso a paso hacia el estilo de vida de los sueños que desea.

Entonces, si está listo para cambiar su vida y pasar a algo que es aún mejor, entonces es hora de descargar este libro hoy. Depende totalmente de usted recuperar el control de su vida y ganar esta competencia feroz. ¿Entonces, Qué esperas? Ahora es el momento de cambiar su vida para mejorar, permitiéndonos ayudarlo a obtener libertad financiera

Capítulo 1: Los componentes básicos de la libertad financiera

La mayoría de los objetivos deben tener una fecha de finalización específica, pero las cosas no son tan simples cuando se trata de dinero. Por un lado, su objetivo final de libertad financiera necesita ser dividida en muchos objetivos más pequeñas. No solo eso, usted tendrá que vivir la vida de una manera muy específica para mantener esas circunstancias después de haberla adquirido.

¿Abrumado? No lo esté, ya que todo comienza simplemente por tener una mentalidad específica.

Cambios importantes en la mentalidad para empezar a acumular riqueza

No hay nada único en las finanzas. Si bien puede ser difícil de alcanzar para algunas personas, en realidad es solo cuestión de dominar los fundamentos. Ya sea que usted sea Jeff Bezos o la señora de la limpieza, las reglas del juego son exactamente las mismas: dominar los fundamentos y aplicarlos consistentemente.

No se trata solo de ahorrar para un auto nuevo o para unas vacaciones fabulosas algún día. Sí, el ahorro es muy importante en el gran esquema de las cosas, pero ahorrar solo por ahorrar no siempre es la mejor opción. Su primera meta es aprovechar al máximo su dinero, no solo para hoy o para los próximos años, sino para el resto de su vida. Esto requiere un enorme cambio de perspectiva. Usted está en esto a largo plazo y eso significa que lo que necesita para hoy puede no ser lo que se necesita en 10 años o 20 o 50.

¿Alguna vez ha oído hablar de personas que parecen haberse enriquecido de la noche a la mañana? Las posibilidades son ciertas. Puede que incluso hayas conocido personalmente a algunos de ellos. Algunos de ellos pueden haber sido colocados en puestos de trabajo bien remunerados, en los que podrían ahorrar mucho dinero cuando quisieran, pero otros pueden haber empezado con poco o nada. Pueden haber sido el recolector de basura local, el ama de llaves o una camarera en un restaurante cercano.

Aparte de aquellos que han adquirido su riqueza al ganar la lotería, otros han logrado alcanzar su dinero aparentemente sin esfuerzo. Sin embargo, si se mira de cerca, su éxito imaginado de la noche a la mañana llegó después de años de planificación cuidadosa. No hay nada más importante para su éxito que cambiar su mentalidad. Tendrá que pasar de las ideas comunes que son la norma en la sociedad actual a algo que le garantice que obtendrá mejores resultados.

Pasos esenciales para lograr la libertad financiera

1. **Haga un plan detallado**

    Uno de los primeros pasos que debe hacer es crear un plan. Su éxito no debe ser algo que se obtiene por accidente o por sorpresa. Cada paso de su camino debe ser hecho y logrado por el diseño. En lugar de permitir que las cosas sucedan, comience a pensar en todo lo que hace y en las posibles consecuencias que puedan ocurrir.

    Imagine diseñar la casa de sus sueños. Probablemente has pensado en ello durante años. Usted conoce cada detalle, hasta la forma y el diseño de cada pomo y accesorio. Si realmente es la casa de sus sueños, ya ha pensado en lo que se necesita para repararla cuando las cosas van mal, qué colores para pintarla y con qué frecuencia. Usted sabe qué habitaciones darles a sus hijos y todas las características que tendrá en su cocina.

    Usted debe tener el mismo cuidado extra al planear su futuro financiero. No estás pensando solo en el presente, sino en el futuro. ¿Cuántos años le tomará alcanzar su meta y el tipo de esfuerzo que necesitará para mantenerla? Con un plan detallado, sabrá qué hacer hoy, mañana, el mes que viene, el año que viene y cada año después. Seguirá haciendo esto hasta que llegue el momento en que su dinero comience a trabajar para usted.

2. **Salga de la mentalidad de "cheque a cheque".**

    Hemos sido programados desde la infancia para pensar en términos de supervivencia. Quizás sea la naturaleza humana, pero muchos de nosotros que luchamos por sobrevivir tendemos a concentrarnos en lo negativo. A pesar de que los acontecimientos pueden no haber venido automáticamente a la mente, es fácil caer en el cielo es caer acercándose a todo. El problema con esta línea de pensamiento es que nos limita. Cuando está preocupado, su mente se concentra en conservar cada centavo que tiene, las oportunidades de inversión pueden pasarlo fácilmente porque solo está pensando en el momento.

Las personas ricas no piensan de esta manera. Debido a que tienen un plan, sus mentes se centran en el siguiente paso, que automáticamente los llevará a la prosperidad. Sus mentes son libres de explorar otras posibilidades, y ven oportunidades a su alrededor. Examinan cada uno y procesan cada aspecto hasta que alcanzan un avance en el que pueden ver cómo usarlo para cultivar lo que tienen en lugar de aferrarse a todo lo que han ganado.

3. **No siempre juegues a lo seguro**

En concordancia con la línea de pensamiento de supervivencia está la necesidad de buscar seguridad. Sí, el dinero puede brindarle un nivel de seguridad. Sabes que, si tienes suficiente dinero, tienes un techo sobre tu cabeza, comida en tu estómago y ropa en tu espalda. Sin embargo, si su mente nunca mira más allá de su red de seguridad, puede perder muchas oportunidades rentables. Nadie logró nunca la independencia financiera mientras estaba sentado en la valla. Ir a lo seguro lo separa de muchos caminos que puede llevar a la riqueza.

Esto no significa que usted debe lanzar la precaución al viento. Usted todavía necesita pensar las cosas y analizar cada oportunidad para asegurarse de que es un riesgo que valdrá la pena al final. Ser un tomador de riesgos no significa ser imprudente. Significa que vas a tener que salir con fe y creer en tus decisiones aun cuando no sepas el resultado.

El valor se ha definido como la voluntad de actuar cuando no se puede controlar el resultado. Tómese el tiempo para leer algunas historias de fondo de personas exitosas que usted admira, y encontrará el mismo patrón. Reconocieron una oportunidad y tomaron medidas, a menudo antes de que alguien más viera el potencial. Para cuando otros se unieron, ya estaban en camino de acumular grandes riquezas.

4. Deje de pensar en gastar y empiece a pensar en ahorrar

Esta es una mentalidad bastante arraigada. Si sus padres le enseñaron bien, entonces lo más probable es que no gaste cada centavo de tu mesada cuando era niño. Es posible que haya tenido que ahorrar para esa nueva bicicleta o juego de computadora. Lamentablemente, muchos jóvenes crecen gastando hasta el último centavo que tienen en las cosas que quieren. En la mayoría de los casos, las cosas que quieren no duran mucho tiempo. Así que, cuando esas cosas se han ido, también lo está su dinero.

El hogar estadounidense promedio gasta el 110% de sus ingresos. Cuando gastan de más, por lo general se encuentran muy endeudados con tarjetas de crédito y préstamos de amigos y familiares. Si usted tiene una actitud derrochadora, sus intentos de adquirir riqueza inevitablemente cavarán un agujero para usted mismo del que será casi imposible salir.

Se han realizado numerosos estudios que demuestran que necesita ahorrar entre el 20 y el 30% de sus ingresos para llegar al punto en el que su dinero realmente funcione para usted. Tomar el 20% de sus ingresos y dejarlo de lado y luego vivir del resto no es tan difícil. Una vez que realice este ajuste, es probable que ni siquiera note la diferencia.

5. Deje de esperar y empieza a hacer

La esperanza es un poderoso motivador, pero siempre llega un momento en que necesitas tomar acción. Necesitas dejar de pensar en lo que quieres hacer y volverte proactivo. Incluso el paso más pequeño en la dirección correcta puede ser gratificante.

La mayoría de las personas no se dan cuenta de que están paralizadas por la esperanza. Pasan el tiempo hablando y compartiendo sus ideas, pero rara vez llegan más allá de ese punto. En lugar de gastar su energía compartiendo sus planes con otros, comience a reunir lo que necesita para ejecutar su plan.

Al igual que todo lo demás en la vida, nada de lo que decimos o hacemos sucede sin que primero sea un pensamiento. Si ha desarrollado malos hábitos financieros en el pasado, comenzaron con su pensamiento. Por lo tanto, para ganar libertad financiera, es necesario que usted cambie su forma de pensar sobre el dinero. Al cambiar sus pensamientos, puede lograr grandes cosas en un tiempo increíblemente corto. Comenzará lentamente al principio, pero gradualmente sus planes cobrarán impulso y, a medida que pase el tiempo, verá pequeños éxitos en su camino, comenzará a sentirse más seguro y verá su libertad más allá de esa luz. Al final del túnel.

Cómo establecer sus objetivos financieros

La mayoría de la gente no entiende completamente el dinero o cómo funciona. Piensan que tener dinero en efectivo a mano es seguridad y no pueden comprender que ahorrar puede no ser la mejor opción para ellos. Cualquier cosa que usted haga para aumentar su seguridad financiera debe tener un objetivo. Si usted está ahorrando dinero, necesita tener un objetivo para eso. El dinero no es el fin de todo lo que haces. Es el medio para un fin. Si el dinero nunca se usa para ningún propósito, terminas desperdiciándolo en cosas frívolas o acumulándolo. Al final, usted puede dejar esta tierra y todo su dinero atrás para que alguien más lo use.

Examine detenidamente sus objetivos e intente determinar hacia dónde debe ir su dinero. En realidad, sentarse y poner la pluma en el papel puede dar un poco de miedo, pero lo enfrenta cara a cara con sus realidades financieras.

Cuando usted está exponiendo lo que planea hacer con su dinero y estableciendo sus metas, puede ser un poco catártico. Pero antes de hacer algo, asegúrese de que sus botas estén firmemente plantadas en el suelo. Sin objetivos claramente definidos, usted puede terminar saltando del barco y desperdiciando la primera oportunidad que tenga. Podría ser muy fácil terminar viendo esa riqueza mientras se escapa, enterrada bajo una montaña de deudas. Por lo tanto, al establecer sus metas, comience con un plan realista pero flexible. Lo que quieras hoy puede que no sea lo que quieras más tarde en la vida, asegúrate de tener un poco de espacio para trabajar.

- **Determine cuánto dinero tiene para comenzar.** No importa si sus objetivos son a corto o largo plazo, usted necesita saber su punto de partida. Sea realista sobre cuánto tiene que trabajar. Si no lo hace, es muy probable que llegue al fondo de su billetera antes de llegar a su destino final. Recuerde, su meta es dejar de vivir de cheque en cheque, para que no se quede ciego.

  Tómese un tiempo para sentarse y obtener una visión realista de su situación financiera actual. Su punto de partida debe consistir en 1) cuánto dinero tiene a la mano y en sus cuentas bancarias, cuentas IRA o inversiones; incluya los activos físicos que ya haya pagado. 2) Enumere todas las deudas que aún tiene pendientes. Considere los saldos de las tarjetas de crédito, hipotecas, préstamos estudiantiles, manutención infantil o cualquier otra obligación financiera que tenga que cumplir.

  Tome la cantidad total que debe y dedúzcala de sus activos totales para obtener su patrimonio neto. Este es su punto de partida. No se preocupe si este número es negativo, la meta de leer este libro es cambiar eso.

- **Cree un presupuesto.** Ahora que usted sabe cuánto vale financieramente, tiene un punto de partida y puede calcular un presupuesto. Su presupuesto será un resumen detallado de todos los gastos que tiene y cuánto pagará por ellos cada mes.

- **Asegúrese de cubrir todo.** Eso incluye ese servicio de streaming de video de $10.00/mes que usted da por sentado. Además de los gastos concretos, incluya servicios públicos, pólizas de seguro, alimentos, gasolina y entretenimiento. No deje nada fuera. Si no está seguro de qué incluir en la lista, repase los últimos meses de recibos y eche un vistazo. Esta lista será la base de su presupuesto.

Eche un vistazo a tu figura inicial. Si no le gusta, vuelva a revisar su lista para ver si puede reducir algunos de esos gastos. ¿Qué puedes eliminar? ¿Cable? ¿Transmisión? ¿Cuentas de suscripción? Incluso podría renunciar a comer fuera y optar por cocinar más en casa.

Esto no significa que tenga que renunciar a sus buenos momentos, solo tiene que estar dispuesto a sacrificar un poco para obtener mejores ganancias. Una vez que haya decidido de qué puede prescindir, verá que el número final se hace más grande. ¡Ahora tienes un presupuesto!

Ahora que sabe cuánto tiene que trabajar, puede comenzar a establecer objetivos realistas.

- **Establezca objetivos prácticos.** Los objetivos financieros no son los mismos para todos, así que nadie puede decirle a qué atenerse. Sin embargo, hay algunos objetivos prácticos que puede considerar. Siempre puede agregarlos más tarde si lo desea. Los objetivos más comunes que encontrarás en las personas son:

    o Establecimiento de un fondo de emergencia
    o Salir de la deuda

- Planificación para la jubilación
- Comprar una casa o un auto
- Tomar unas vacaciones de ensueño

Usted puede elegir por sí mismo cuáles deben ser tratados en primer lugar, pero siempre y cuando los tres primeros sean tratados, usted podrá encontrar la seguridad que está buscando. Siga estas sugerencias básicas para ayudarle a comenzar.

Objetivo 1: Establecer un fondo de emergencia. Si ha hecho bien su presupuesto, al menos tendrá unos pocos dólares para dedicar a un fondo de emergencia. Al principio, puede que no sea mucho. Tal vez $ 5 o $ 10 cada cheque de pago. Sin embargo, si es coherente, se sorprenderá de cuánto puede acumular con un depósito constante de unos pocos dólares en su cuenta.

Usted decide cuánto dinero quiere tener en su fondo de emergencia. Nadie puede decirle cuánto necesita, pero una pauta general es de tres a seis meses de gastos de manutención debe ser apartada. Si usted tiene una buena seguridad laboral, eso puede ser suficiente, pero si está en una situación precaria en su trabajo, entonces podría decidir un poco más.

Meta 2: Pague su deuda. Es fácil quedarse atascado en las facturas todos los meses y puede ser muy desalentador ver cómo su cuenta se desangra todos los días de pago. Algunas personas ven el dinero como electricidad, y no son más que el cable que pasa a través de él. Sale tan rápido, si no más rápido, que su entrada.

La mejor manera de resolver este problema es apuntar a esas cuentas y pagarlas. Estar libre de deudas puede parecer una tarea imposible, pero si usted está dispuesto a hacer algunos sacrificios al principio, incluso unos cuantos dólares adicionales agregados a cada pago comenzarán a ver que el balance lentamente comienza a aumentar. Solo asegúrese de que no gasta nada del dinero de su fondo de emergencia en el ínterin.

Objetivo 3: Planifique su jubilación. Desea pensar en su futuro, incluso si está muy lejos de su realidad. Si todavía no has pensado mucho en esto, entonces no estás solo. Si amas tu trabajo y no puedes imaginar la vida sin él, entonces tal vez puedas sobrevivir, pero en general, la mayoría de las personas quieren ver un día en el que no tengan que levantarse y caminar para trabajar todo el día. Quieren pasar sus últimos años haciendo las cosas que aman y sacar el máximo provecho de sus vidas.

Cuanto antes comience este plan, más fácil será llegar a ese último día de trabajo en el que podrá recuperar su vida. No importa la edad que tenga, nunca es demasiado pronto para empezar a planear su jubilación. Si usted tiene un trabajo que ofrece un buen plan 401(k) mucho mejor. Sin embargo, incluso si no lo hacen, usted puede reservar dinero para esos años posteriores por su cuenta. Tu yo futuro te lo agradecerá profusamente.

Cómo establecer sus metas a corto y largo plazo

Ahora la parte divertida. Una vez que hayas quitado las cosas de los adultos del camino, es hora de pensar en apoyar al niño que hay en ti. Aquí es donde usted decide cómo utilizará esa riqueza acumulada para mejorar su calidad de vida. Piensa en el tipo de cosas que te darán placer y satisfacción en la vida.

No importa cuáles sean sus objetivos, es hora de comenzar a hacer una lista para ayudarlo a clasificarlos en orden de importancia. Comience por hacer una lista de todas las cosas que desea hacer, luego sepárelas en diferentes categorías:

1. **A corto plazo**: objetivos que se pueden alcanzar en pocos años. Vacaciones, comprar un auto o tomar una clase de cocina gourmet.

2. **A largo plazo**: objetivos que pueden demorar 10 años o más en alcanzar. Comprar una casa o desarrollar una propiedad de alquiler.

Al detallar el deseo de su corazón en papel, los coloca al frente y al centro de su vida. Cuando anote sus objetivos, asegúrese de establecer un cronograma estimado para lograrlo. La línea de tiempo es lo que lo motivará a seguir adelante, hacer la investigación necesaria y tomar los pasos para lograrlo sin postergarlo.

10 maneras de salir de una deuda lo antes posible

La parte divertida del presupuesto y la planificación financiera está en sus sueños. Pero si usted es serio acerca de la obtención de la libertad financiera que necesita para salir de la deuda en primer lugar. Esto puede ser difícil si se tiene en cuenta que la mayoría de la gente hoy en día tiene deudas por valor de casi 25.000 dólares. Son muchas cuentas que pagar.

Debido a que las personas tienden a gastar más de lo que ganan, la deuda acumulada en la mayoría de los casos es el resultado del uso del crédito para compensar la diferencia. Si desea encontrar la riqueza que está buscando, ya no puede esconderse detrás de su crédito para obtener las cosas que necesita. Todo lo que se necesita es un desastre o evento desafortunado y usted estará en camino a la bancarrota.

1. **No pague solo el pago mínimo.** Eche un vistazo a la tasa de interés en el estado de cuenta de su tarjeta de crédito. En la mayoría de los casos, es del 15% o más. A esa tasa, si usted paga solo la cantidad mínima de pago cada mes, podría tomarle años pagarla. Esta es una de las principales razones por las que la gente no puede ver su camino lejos de las facturas de las tarjetas de crédito, pero las tasas de interés pueden ser la ruina de su existencia en otros préstamos también. Piense en todos los intereses que está pagando por sus préstamos estudiantiles, préstamos personales u otras formas de deuda.

    o La mejor manera de pagar estas cuentas más rápido es pagar más que el pago mínimo. No solo reducirá el interés que paga, sino que el dinero adicional que agregue ayudará a reducir el monto del capital adeudado, lo que acelerará el proceso de pago.

    o Antes de que usted pague completamente su deuda, verifique que su acreedor no le va a cobrar ninguna multa por pagarla antes de tiempo.

2. **Utilice el método de la bola de nieve**. Si usted puede encontrar una manera de pagar más que el pago mensual mínimo, puede usar el método de bola de nieve para pagar sus deudas. Esto no solo hará que se paguen

transferir el saldo restante a otra tarjeta con una tasa de interés más baja. Hay incluso algunas tarjetas que ofrecen una tasa de interés del 0% durante los primeros 18 meses. Con ese tipo de jugada, usted tendrá mucho dinero extra para cancelar esas facturas.

8. **Use dinero inesperado para pagar deudas.** A lo largo del año, usted puede recibir ingresos adicionales inesperados. Por ejemplo, usted podría recibir un bono de fin de año de su empleador, o podría recibir un bonito cheque de reembolso de impuestos. Tal vez una persona rica te ha dejado una pequeña y ordenada suma o te dan un aumento. En cualquier caso, no es dinero lo que usted ha dedicado a sus gastos presupuestarios. Use ese dinero para pagar tu deuda y estarás muy por delante del juego.

9. **Detenga los gastos innecesarios**. La mayoría de las veces, el saldo de la tarjeta de crédito no disminuye porque usted sigue aumentando. Tomarse el tiempo para examinar cómo usa su tarjeta de crédito puede darle una buena idea de sus hábitos de gasto. Al mirar hacia atrás sobre sus gastos pasados, usted puede decidir por sí mismo si la deuda realmente valió la pena. Tal vez podrías haberte conformado con una taza de café normal en lugar de un mocca frappuccino. Ponerlo a trabajar en una bolsa marrón puede evitar que salga a comer y le ahorre mucho dinero. Al eliminar hábitos costosos, usted puede reducir sus gastos generales a algo que es mucho más manejable.

10. **Evite la tentación**. Todos tenemos cosas que son difíciles de resistir. Aun así, usted puede casi garantizar que con todo el marketing y la publicidad que hay a su

alrededor todos los días, la zanahoria que la sociedad está colgando frente a sus ojos todos los días lo tentará. Cuando usted está tratando de pagar la deuda, es mejor tratar de evitar esas tentaciones dondequiera que vaya. Si se siente atraído por su restaurante favorito cuando regresa a casa del trabajo todos los días, trate de tomar una ruta diferente. Si usted ve el mismo comercial tentador cuando ve la televisión, considere cambiar el canal o al menos levantarse y salir de la habitación durante las pausas comerciales.

La conclusión es que *tiene una opción*. Usted puede continuar tomando el camino fácil y simplemente meter la cabeza en la arena, fingiendo que no ve su situación financiera, o puede hacer frente a sus problemas de deuda. Ya sea que usted decida hacerlo ahora o se enfrente a tener que lidiar con ello más tarde, tendrá que pagar sus cuentas. Es mejor hacerlo en sus propios términos.

Lo principal que hay que recordar es que hay una salida, pero no esperes un milagro. Con sus planes para lograr la libertad financiera, va a tomar un poco de prisa de su parte, pero si lo hace, usted será ricamente recompensado por todo su arduo trabajo al final.

Capítulo 2: Cómo presupuestar de manera correcta

Construir un buen crédito es esencial para su futuro financiero. Aunque es posible vivir en este mundo sin crédito, no es fácil. Pero tampoco es fácil salir de la deuda y restablecer su crédito. Se necesita una planificación cuidadosa y ser plenamente consciente de cada dólar que se gasta. La única manera de salir del atolladero es con un presupuesto cuidadoso, pero incluso eso puede resultar un poco confuso. Hay tantos planes diferentes para presupuestar que puede ser abrumador saber qué hacer.

El problema es que la creación de un presupuesto no es tan corta y seca como se podría creer. Así como no todos los hábitos de crédito son iguales, no todos los enfoques para corregir su situación financiera serán adecuados para usted. Sí, el objetivo final sigue siendo consistente: quiere pagar la deuda, crear un pequeño fondo de reserva o trabajar para conseguir una compra importante. Pero la realidad dicta que hay muchos caminos que se pueden tomar para llegar allí.

Cómo encontrar un presupuesto que funcione para usted

Antes de que pueda decidir sobre el método que aplicará a sus finanzas, piense en los factores que están afectando su vida actualmente. Claramente, una persona soltera que vive sola no tendrá tanto de qué preocuparse como una persona que tiene una familia que mantener. También debe dedicar tiempo a crear un presupuesto y considerar los recursos que tiene a su disposición. A continuación, se presentan varios métodos de presupuestación que puede considerar. Léalos y vea cuál le parece verdadero. Esto lo ayudará a determinar dónde se encuentra en el espectro para que pueda planificar un enfoque efectivo para la presupuestación en el futuro.

Cuando conozca su punto de partida, decidir la ruta a seguir es mucho más fácil. Saber con qué tiene que trabajar y dónde quiere terminar. Todo lo que queda es dibujar una línea en tu hoja de ruta.

1. **Conozca sus valores.** Sus valores consisten en lo que te importa, las cosas en tu vida que sientes que no puedes vivir sin ellas. Obviamente, la comida, la ropa y el refugio estarían en la parte superior de esta lista. Los valores pueden variar de persona a persona. El punto es que entender sus valores le ayudará a priorizar lo que es más importante en su presupuesto.

2. **Fije sus metas.** Sus valores le darán instrucciones claras sobre lo que debe esforzarse por lograr. Piense en lo que quiere que su dinero haga por usted en el futuro, pero no escriba una sola meta a largo plazo. Divídalo en pasos factibles. ¿Qué le gustaría lograr en el próximo mes, tres meses, seis meses, un año, tres años, cinco años, diez años?

3. **Conozca sus ingresos.** ¿Cuánto dinero trae a casa en cada período de pago - después de impuestos? Este será el dinero que usará para determinar su asignación de gastos. Solo desea incluir el dinero que recibe regularmente y que SABE que viene.

4. **Conozca sus gastos.** Revise los estados de cuenta de su tarjeta de crédito, los registros bancarios y los recibos de la tienda. Puede dividir sus gastos en dos categorías: gastos fijos y gastos flexibles. Los gastos fijos serían el

alquiler o la hipoteca, el pago del coche, las facturas de las tarjetas de crédito y los préstamos estudiantiles.

Los gastos flexibles son un poco más difíciles de calcular. Estos incluyen cosas como comida, ropa, entretenimiento, etc. El coste varía de un mes a otro. Es posible que tenga que calcular la cantidad total durante varios meses y luego obtener un promedio razonable.

No se olvide de los gastos adicionales que se olvidan fácilmente. Son aquellos gastos que no se pagan con regularidad; impuestos, seguros, suscripciones, etc.

Ahora, usted tiene todas las herramientas que necesita para crear un presupuesto viable que le ayudará a satisfacer sus necesidades.

Ahora viene la parte en la que tiene que decidir qué método funcionará mejor para usted.

6 métodos de presupuestación que deben conocerse para no perder nunca más la noción del dinero

Siempre y cuando se cubran los fundamentos del presupuesto - seguimiento de los gastos, gestión de los ingresos - usted tiene un poco de libertad para elegir el método de presupuestación que mejor se adapte a sus necesidades. Si uno de ellos parece encajar bien, entonces hágalo. No hay nada malo en cambiarse a otro si se da cuenta de que no satisface sus necesidades.

1. **El presupuesto de partidas individuales**

El presupuesto por partidas está diseñado para aquellos que tienen problemas con los gastos más importantes. Las personas que lo usan son aquellas que necesitan seriamente salir de la deuda y no tienen ningún problema en poner todos sus gastos en categorías viables.

Este sistema requiere que usted categorice sus gastos. Puede crear tantas categorías como necesite: gastos del hogar, deudas de tarjetas de crédito, costos de transporte, alimentos, ropa, servicios públicos, aseo personal, se le ocurre la idea. En cada categoría, enumere todos los gastos que tiene que pagar.

Cree tres columnas, gasto estimado, gasto real y lo que quede. Cuando compara cada una de estas columnas, podrá medir su progreso después de cada período de pago.
Al lado de cada artículo, asigne un monto en dólares a pagar mensualmente. A medida que realiza cada pago, anótelo y deduzca el monto del total adeudado. Puede ser útil crear una factura adicional por imprevistos, de esa manera, no queda nada fuera.

Este método de presupuesto es perfecto para la persona que tiene el tiempo y los recursos para averiguar muchos detalles y la dedicación para hacer el trabajo extra que está involucrado.

2. El presupuesto 50/30/20

El presupuesto 50/30/20 tiene pautas que no son tan meticulosas. Sin embargo, con el presupuesto 50/30/20, usted dedica el 50% de sus ingresos a los gastos necesarios, el 30% a las cosas que desea y el 20% a los ahorros.

Este método es ideal para aquellos que no se sienten cómodos con un presupuesto estricto o que no tienen mucho tiempo para dedicar a hacer un presupuesto de línea. Sin embargo, es lo suficientemente flexible como para saber exactamente cuánto puede ahorrar y cuánto tiene que gastar en sus necesidades diarias. El modelo debe ser lo suficientemente flexible para adaptarse a su estilo de vida.

3. Páguese usted primero

El primer modelo de "pague usted mismo" toma dinero de sus ingresos y lo deposita en una cuenta de ahorros antes de pagar por cualquier otra cosa. Aunque usted se pague a sí mismo primero, necesitará saber cuánto dinero necesita para cubrir sus gastos, de modo que tenga suficiente para cubrirlos.

Este método funciona bien para aquellos que se encuentran a finales de mes preguntándose dónde ha ido todo su dinero. Al mismo tiempo, no requiere que usted se apegue a una contabilidad estricta en dólares.

También funciona bien con aquellos que tienen un ingreso mensual inconsistente. Primero, tome el promedio de los últimos seis meses de ingresos, luego sume todos sus gastos para el mismo período y luego reste los gastos de los ingresos. El resto es lo que usted puede dedicar a sus ahorros.

4. El sistema de sobres

Hay otro sistema que funciona con un poco más de fuerza en las cuerdas del bolso. Funciona bien para aquellos que necesitan un poco más de disciplina para hacer el trabajo. El sistema de sobres le ayuda a reducir el gasto excesivo en artículos no esenciales sin tener que hacer un seguimiento de cada centavo que gasta. Se trata de un enfoque básico de la presupuestación basado en el principio de caja.

Determine un límite de gastos para cada gasto. Por ejemplo, podría crear presupuestos individuales para comestibles, ropa y entretenimiento. Al principio de cada mes, divida todo su dinero en estas categorías de presupuesto más pequeñas y colóquelo en sobres etiquetados. Cada vez que necesite comprar algo de una de esas categorías, lo pagará con ese sobre. Cuando el sobre está vacío, usted ha agotado su presupuesto y no hay más dinero para hacer más compras hasta el próximo día de pago.

Este método funciona bien para aquellos que luchan por controlar sus hábitos de gasto o que dependen demasiado de las tarjetas de crédito o débito para pagar las cosas. No se dan cuenta de cuánto están gastando hasta que todo su dinero ha desaparecido.

5. Presupuesto de suma cero

Luego está el presupuesto basado en cero, que es particularmente bueno para cualquiera que tenga tendencia a gastar más de la cuenta sin darse cuenta. Con este plan, usted sabrá exactamente cómo se está usando cada dólar que gasta. En otras palabras, cada dólar debe tener un propósito intencional antes de que salga de sus manos, usted debe dar cuenta de cada centavo para que funcione bien.

El sistema funciona exactamente cómo suena. El último día del mes, su presupuesto debe ser siempre igual a cero. Entonces, si al final del mes, le sobra dinero, debe detenerse y encontrar un hogar para ese dinero.

Funciona para aquellas personas que usualmente tienen un poco de dinero extra al final del mes. Sin darle al dinero un trabajo para hacer, la tendencia a usarlo para cosas innecesarias puede ser un problema. Le obliga a detenerse y pensar prácticamente en la mejor manera de utilizar sus fondos para que lo acerquen más a sus metas.

6. El presupuesto sin presupuesto

Este método requiere que usted sea consciente de sus hábitos de gasto. En lugar de preocuparse por cuánto se está gastando en cada una de sus categorías, usted gasta en función de sus valores y lo que es más importante para usted.

Funciona bien para aquellos que ya pueden ser bastante modestos y algo disciplinados sobre el dinero que gastan.

Comience por crear un esquema para todo aquello en lo que se sienta cómodo gastando su dinero. Cualquier cosa que no esté en línea con lo que usted cree que es importante o esencial no debe figurar en esta lista.

Por ejemplo, usted podría ser alguien que prefiere viajar y tomar vacaciones una o dos veces al año. Cualquier dinero extra que tenga después de que sus necesidades sean satisfechas puede ser utilizado a viajar.

Algunas personas pueden preferir dedicar su dinero a sus mascotas, otras pueden querer invertir en el mercado de valores, mientras que otras pueden estar pensando en convertirse en empresarios. Su dinero discrecional puede ser dedicado a cualquier cosa que usted crea que es importante y puede mejorar su vida.

¿Qué presupuesto es el adecuado para usted?

Como puede ver, hay varias maneras diferentes de presupuestar para su futuro. Aunque el objetivo final es el mismo con todos ellos, solo uno encajará con su estilo de vida y su forma de administrar el dinero.

Para decidir qué sistema funcionará mejor para usted, hay algunas cosas que debe tener en cuenta.

- ¿Cuánto tiempo tiene para controlar su presupuesto? Algunos métodos son relativamente fáciles y no requieren mucho mantenimiento de registros detallados. Sin embargo, otros pueden requerir el mantenimiento de registros elaborados con numerosas hojas de cálculo de Excel y el seguimiento constante de cada centavo que gasta. Si no tiene mucho tiempo para dedicarse a mantener un registro tan extenso, es posible que desee comenzar a trabajar con un presupuesto que tenga un poco más de toma y daca.

- También debe pensar con qué frecuencia debe controlar su presupuesto. Aquellos que están bastante seguros de que su presupuesto está en el camino correcto pueden revisar sus resultados mensualmente, mientras que otros pueden elegir verlo una o dos veces al año. Si todavía está tratando de obtener el saldo correcto, es probable que esté más dispuesto a revisarlo semanalmente o incluso después de cada compra.

Por lo menos, tener un presupuesto le permite abordar la vida con confianza. Sabes que tienes un plan y una dirección en la que quieres ir. Cada vez que usted paga una factura, se siente orgulloso de estar un paso más cerca de sus metas, y eso vale dinero en el banco.

7 maneras de hacer que el presupuesto sea más llevadero

Hay muchos beneficios al aprender a presupuestar adecuadamente, pero muchos de nosotros nos sentimos tímidos por los arduos días que pasamos en las aulas de nuestras escuelas intermedias y secundarias. Sin embargo, con solo unos pocos consejos, esas aburridas clases de matemáticas pueden cobrar vida y usted puede descubrir cuánta diversión puede tener al hacer esos números.

1. **Aproveche las ventajas de la tecnología moderna**

    Si realmente no es bueno con los números, aprovecha la tecnología moderna. Hay muchas aplicaciones excelentes que pueden ayudarle a hacer su presupuesto con el mínimo esfuerzo. Cada uno tiene su propio conjunto de características que se pueden aplicar a su situación. Después de una cuidadosa búsqueda y análisis de las opciones disponibles, es posible encontrar una que se ajuste a sus necesidades.

2. **Conozca sus objetivos**

    El trabajo se vuelve mucho más interesante cuando sabes por qué lo haces. Cuando se empieza por establecer algunas metas claras, aunque sean pequeñas, se le da sentido a lo que se quiere hacer. Si establece objetivos a largo y corto plazo, tendrá ciertos hitos que alcanzar y una vez que haya dominado algunos de ellos, se sentirá motivado para seguir adelante.

Comience configurando algunas fáciles que sabe que puede lograr, y luego observe la magia a medida que sucede. No hay nada más motivador y alentador que el éxito. Los objetivos más grandes se pueden dividir en pequeños pasos. Cada hito que superes te ayudará a ver que estás progresando, incluso si el final está a meses o años de distancia.

3. **Regálese recompensas**

La razón principal por la que hacemos cualquier cosa es por las recompensas. Vamos a trabajar por la recompensa del cheque de pago, estudiamos duro en la escuela por la recompensa de una buena calificación, hacemos lo mejor que podemos en la competencia por la recompensa del premio, y luchamos a través de las relaciones por la recompensa de una vida familiar feliz. Es lógico que trabajarás más duro cuando haya algo gratificante al final de la pelea.

Hay todo tipo de recompensas que puedes darte a ti mismo, solo asegúrese de que su recompensa esté en línea con tus objetivos. Usted podría darse el gusto de pasar una noche en la ciudad después de completar un mes completo de presupuesto, reservar un poco de dinero para unas vacaciones o una escapada de fin de semana, o recompensarse con un traje nuevo o un par de zapatos.

El punto principal es que usted reconoce lo que ha logrado y se siente feliz al respecto. La perfección es una buena meta para alcanzar, pero si se ofrece a expensas de su estabilidad mental y emocional, usted puede alcanzar su meta, pero no habrá mucha satisfacción en ella.

4. No se trata solo de usted

Incluso si tiene hijos pequeños, dejar que todos los miembros de la familia sean parte de la solución te quita gran parte de la carga y puede hacer que sea mucho más gratificante. Algunas personas convierten el presupuesto en un juego al permitir que los niños compitan al ver quién puede ganar más dinero en trabajos esporádicos o quién puede ahorrar más.

Así como las recompensas funcionarán bien para usted, harán maravillas para motivar a los más pequeños de la familia: un viaje a la tienda local de dulces, algo del camión de helados o un día en el parque (¡eso es gratis!). Recuerde, una recompensa para sus hijos también es una recompensa para usted. Será más fácil lograr sus objetivos y será un gran impulso para la autoestima de sus hijos. Aprenderán buenos hábitos de gestión del dinero y se sentirán parte de la solución en lugar del problema.

5. Conviértase en más autosuficiente

Ahorrar dinero no se trata solo de cambiar dólares de un lugar a otro. Mientras que usted puede ahorrar de esa manera, es mucho más divertido aprender maneras creativas de adquirir las cosas que necesita sin gastar mucho dinero en efectivo. No hay nada más gratificante que ir a su patio trasero a recoger sus verduras para la cena que encontrarlas en su supermercado local.

Y lo mejor de todo es que todos en la familia pueden participar. Sus hijos aprenderán una valiosa y preciosa habilidad que les durará toda la vida, y usted ahorrará dinero al mismo tiempo. Una vez que prueban la diferencia en los alimentos que usted cultiva, es posible que no quieran volver a comer alimentos comprados en la tienda.

Hay muchas cosas que puede hacer para ahorrar dinero. Además de cultivar sus propios alimentos, puede crear sus propios artículos de limpieza, aprender a coser su propia ropa, o incluso hacer sus propios productos para el cabello. De hecho, si lo haces bien, es posible que puedas invertir algo de eso en un negocio secundario que te ayudará a mantenerte dentro del presupuesto también. ¿Qué puede ser mejor que eso?

6. Piense de manera diferente sobre el dinero

Aprenda a pensar en el dinero de una manera diferente. Lo más probable es que usted haya visto el dinero como una fuente de estrés y ansiedad por un tiempo. La necesidad de dinero ha causado que muchos se endeuden tanto, no es de extrañar que tanta gente lo vea de manera negativa.

Ahora, cuando empiezas a ver que tu dinero trabaja para ti y no en tu contra, es posible verlo como un medio para alcanzar un fin. A medida que aprenda a priorizar sus gastos y vea sus efectos a medida que pasa un hito tras otro, verá el dinero como una herramienta que puede utilizar a su favor.

7. **Plan de jubilación anticipada**

    Cuanto antes empiece a planificar su jubilación, antes podrá ver el dinero como una forma de conseguirlo. Piense en todas las cosas que puede tener si puede jubilarse temprano. El tiempo que puede pasar con su familia, las vacaciones que disfrutará, el tiempo que tendrá para hacer las cosas que ama y la vida sin estrés que llevará.

Aunque el presupuesto puede ser una necesidad, no tiene por qué ser doloroso o estresante. Al idear formas creativas de hacerlo más interesante, usted puede asegurar su éxito. La elaboración creativa de presupuestos puede ser una gran manera de motivar a toda su familia, amigos y vecinos para que le ayuden a alcanzar sus metas sin perder el corazón en el proceso.

7 pasos importantes para construir un buen crédito

El mal crédito puede ser la perdición de la existencia de cualquiera. Puede impedir que alquile un lugar decente para vivir, que compre una casa, que interrumpa sus medios de educación, e incluso puede ser la razón por la que no pudo conseguir un buen trabajo. Si usted tiene mal crédito, entonces ya sabe lo que se siente.

Puede ser muy emocionante obtener la primera tarjeta de crédito. Cada compra que usted hace, cada pago atrasado, comienza a convertirse en una imagen que se vuelve muy difícil de borrar. Poder utilizar el crédito de manera responsable es una forma segura de asegurar su futuro financiero.

Sin embargo, lamentablemente, esta lección llega demasiado tarde para la mayoría de las personas, y terminan teniendo que reconstruir su crédito y recuperarse de algunas decisiones dolorosas que han tomado en el pasado.

La buena noticia es que no importa cuán malo sea su crédito hoy en día, hay maneras de reconstruirlo y restaurar su buen nombre. Puede tomar tiempo, pero aplicando algunos principios muy básicos usted puede establecer un buen historial de crédito, uno del cual usted puede estar orgulloso.

Ya sea que esté tratando de restaurar su crédito o que esté comenzando, tenga en mente estos pequeños consejos para proteger su imagen y asegurarse de que su crédito no sufra de malas decisiones en el futuro.

1. **Nunca pida más de lo que puede pagar**

    Usted recibió su crédito porque lo consideraban digno de crédito, así que no comience a usarlo con malos hábitos de gasto. Asegúrese de que cuando utilice su tarjeta solo la utilice para cosas que pueda permitirse. Puede ser difícil resistir la tentación de comprar cosas a crédito que ya se pueden comprar sin él, pero es una señal poderosa para los futuros acreedores de que usted está siendo responsable. Se alegrará de haber sido modesto cuando más tarde pueda obtener esos artículos de gran valor que no podía obtener antes.

    Esto también es cierto cuando se trata de obtener préstamos. Solo pida prestado lo que sabe por un hecho que puede pagar en un tiempo razonable. Tómese un poco de tiempo para revisar su presupuesto para que sepa exactamente lo que puede pagar mensualmente. Si el monto del pago del préstamo excede ese número, no tenga miedo de retirarse.

2. **No use todo su crédito**

   Solo porque un acreedor le da un límite máximo, no le da carta blanca para usarlo todo. Cuando usted maximiza sus tarjetas de crédito, los acreedores lo ven como irresponsable, especialmente si usted no tiene el hábito de pagar su factura en su totalidad cada mes. Los prestamistas notan que los prestatarios que maximizan su crédito son generalmente los mismos que tienen dificultad para pagar su saldo. Trate de mantener su saldo en torno al 40% de su límite de crédito para mantener una buena puntuación de crédito.

3. **No obtenga muchas tarjetas de crédito**

   Abrir demasiado crédito nuevo demasiado pronto puede ser muy perjudicial para su crédito.
   Intente apegarse a una sola tarjeta de crédito a la vez. Establezca una buena calificación con esa y úsela durante un par de años antes de intentar solicitar una nueva. Su calificación crediticia se mantendrá sólida si no sale corriendo, sino que comienza a construirlo lenta y constantemente.

4. **Pague su saldo en su totalidad cada mes**

   Probablemente haya escuchado que es importante que pague el saldo completo todos los meses. Si solo está cobrando lo que puede pagar, esto no es un problema. Cuando usted es cuidadoso con sus gastos y puede pagar su saldo cada mes, usted les muestra a sus acreedores que es responsable. Como resultado, terminará con un puntaje de crédito más alto.

5. Pague a tiempo

Una de las cosas más importantes que puede hacer cuando se trata de pagar sus cuentas es *pagar a tiempo*. Es importante que se acostumbre a pagar todo a tiempo para que no tenga la oportunidad de afectar negativamente su puntaje. Cualquier factura que tenga la posibilidad de atrasarse y terminar siendo enviada a una agencia de cobranza puede dañar su crédito.

6. Gestionar correctamente los saldos

Habrá momentos en los que tendrás que llevar un saldo en algunos artículos de gran valor. Si encuentra que no puede pagar el saldo completo al final del mes, asegúrese de pagar una cantidad significativa para que pueda pagar más que los pagos de intereses de la deuda que debe.

Siempre trate de pagar más del pago mínimo cada mes hasta que pague su saldo inicial. Cuando usted hace eso y mantiene su saldo adeudado a menos del 30% de su límite de crédito, protege su crédito y puede mantener una puntuación relativamente alta.

7. Permita que sus cuentas maduren

Tener buen crédito puede ser algo bueno, pero mientras más tiempo lo tenga, mejor. A medida que sus cuentas maduran, se ve bien en un informe de crédito. Cuando usted mantiene activas las cuentas más antiguas, le dan un impulso a su imagen crediticia. Tenga en cuenta que, si cierra una cuenta, pueden pasar varios años antes de que desaparezca de su registro, así que déjelas abiertas, incluso si no piensa utilizarlas. Esto les mostrará a los acreedores que usted no está confiando en él para salir adelante.

Establecer un buen crédito es extremadamente importante para cualquiera que esté buscando libertad financiera. Aunque hay varias maneras de alcanzar esa meta, establecer un buen presupuesto y atenerse a él es una clave segura para el éxito. Pero presupuestar no tiene que significar meses de monotonía y privaciones, como algunas personas han sido inducidas a creer. Si lo hace de la manera correcta, encuentre un plan que funcione bien con su estilo de vida y su personalidad, estará en camino de descubrir la libertad que conlleva administrar bien su dinero.

No es suficiente tener un buen presupuesto; necesita saber cómo implementarlo correctamente. Eso incluye saber cómo usar el crédito sabiamente. Establecer un buen futuro financiero no debería parecer un castigo, pero debería ser inspirador y gratificante. Siguiendo estas pautas muy básicas, puede encontrar el éxito en el camino y los grandes años de recompensa en el futuro.

Capítulo 3: Invertir 101

Aprender a administrar su dinero es un gran paso hacia la obtención de la libertad financiera, pero una vez que ha tenido éxito, solo está a mitad de camino. La realidad es que encontrar riqueza y seguridad financiera rara vez proviene de una buena gestión de las cuentas de crédito y ahorro.

Esas dos características pueden ponerlo en una mejor posición financiera, pero no borran el hecho de que aún necesita trabajar por su dinero. Un planificador financiero inteligente entiende que la transición de trabajar por su dinero a que su dinero trabaje para usted es un gran paso. Conseguir que su dinero trabaje para usted significa que tiene que invertir.

Tipos de inversiones para agregar a su cartera

Hay una amplia variedad de opciones de inversión disponibles para cualquiera que esté dispuesto a tomar el riesgo. Comprender su nivel de tolerancia al riesgo puede marcar una gran diferencia en las herramientas de inversión que usted elija. Al tomar decisiones de inversión, debe decidir si está dispuesto a invertir a largo plazo o si desea obtener un rápido rendimiento y realizar una inversión a corto plazo. Para la mayoría de las personas, la primera línea de opciones de inversión a largo plazo son acciones o bonos, pero hay una amplia variedad de opciones para elegir.

1. **Acciones**

   En su definición más básica, una acción es la compra de una pequeña porción de una compañía específica. Cuando usted compra una acción, en realidad está comprando un porcentaje de las ganancias y activos potenciales del negocio. Cuando una compañía vende acciones de su compañía, lo hace con el fin de reunir capital para invertir en sus propias operaciones. Como inversionista, usted puede comprar o vender sus acciones para mejorar su propia cartera financiera.

Cuando el valor de las acciones aumenta, un inversionista puede entonces vender sus acciones a un precio más alto de lo que compró y obtener una ganancia. Otra forma de ganar dinero en acciones es comprando acciones que paguen dividendos. Los dividendos son distribuciones de ganancias que se entregan periódicamente a los inversionistas. Puede optar por invertir en acciones de dividendos o en acciones de crecimiento.

Con las acciones de dividendos, usted recibirá una distribución regular de ganancias sin necesidad de vender su participación en el negocio. Los dividendos pueden ser pagados mensualmente, trimestralmente, semestralmente, anualmente o en algún otro programa de pago. La mayoría de las compañías que pagan dividendos están bastante bien establecidas y en la mayoría de los casos se consideran seguras.

Las acciones de crecimiento son también acciones de compañías que se espera que experimenten un cierto crecimiento. No pagan dividendos, así que no recibes un pago regular por ser su propietario. La única manera de obtener una ganancia con una acción en crecimiento es vender sus acciones en el negocio.

Hay un cierto nivel de riesgo con ambas opciones. Las acciones de dividendos suelen ser la opción preferida para aquellos con una tolerancia de bajo riesgo. Las acciones de crecimiento son un poco menos predecibles, pero eso no significa que sean menos estables. Hay momentos en los que los beneficios de una acción de crecimiento pueden ser más gratificantes que los dividendos.

Si está pensando en invertir en el mercado de valores, tiene sentido que compare los dos, conozca su nivel de tolerancia al riesgo y decida qué tipo de inversión funciona mejor para usted.

2. Bonos

Cuando usted compra un bono, técnicamente está prestando dinero al emisor y recibirá una cierta cantidad de interés por permitirles el acceso a sus fondos.

En su mayor parte, se cree que los bonos son mucho más seguros que las acciones, pero las posibilidades de obtener grandes rendimientos son escasas. Usted también tiene un riesgo adicional del que preocuparse. Al igual que con cualquier compañía que extiende préstamos a otros, siempre existe el riesgo de que el prestatario entre en incumplimiento. Los bonos gubernamentales suelen ser más seguros porque están respaldados por la "fe y el crédito pleno" del gobierno federal de Estados Unidos. Junto a los bonos del gobierno en seguridad están los bonos estatales y municipales. Los bonos corporativos conllevan más riesgos, pero se consideran la tercera opción más segura.

Los inversionistas obtienen beneficios de los pagos regulares de intereses del prestatario, que normalmente se pagan una o dos veces al año y el principal se devuelve en la fecha de vencimiento. Los bonos son inversiones de renta fija, lo que significa que el importe de la inversión es fijo y no cambia.

3. Fondos de inversión

Cuando usted compra un fondo de inversión colectiva, está invirtiendo en un mayor número de acciones con una sola transacción. Los fondos recolectan dinero de una amplia gama de inversionistas y luego invierten ese dinero en acciones, bonos o activos selectos.

Estos instrumentos de inversión se encuentran y seleccionan en base a una estrategia establecida. Por ejemplo, un fondo puede ser solo un tipo específico de acciones o bonos, mientras que otros pueden tener un conjunto diferente de parámetros. Un fondo puede optar por trabajar solo con valores internacionales, mientras que otro puede querer centrarse en la tecnología o las ciencias.

Las ganancias se obtienen cuando la lista seleccionada de inversiones sube de precio. El dinero recibido podría ser en forma de dividendos o intereses. Periódicamente estos se dispersan al cliente. Además, cuando las inversiones realmente aumentan de valor, los propietarios son libres de vender sus intereses para obtener ganancias.

4. Fondos de índice

Un fondo índice es un tipo de fondo mutuo que rastrea pasivamente todas las acciones de un índice en particular. Este tipo de fondos no utiliza un gestor de fondos para elegir en qué acciones invertir. Más bien, la decisión se basa en todas las acciones de ese índice en particular. Por ejemplo, un fondo indexado muy conocido es el Standard & Poor's 500, que tiene como objetivo igualar la rentabilidad del S&P 500 mediante la tenencia de acciones en cada una de las compañías que cotizan en dicho índice.

Una de las mayores ventajas de invertir en fondos indexados es su bajo costo. Debido a que no hay necesidad de tener una persona viva para administrar el fondo, usted ahorra dinero.

Los fondos índices ganan dinero a través de los pagos de dividendos o intereses que se hacen periódicamente. También pueden ganar dinero cuando el valor de su inversión aumenta. Los inversionistas pueden vender su participación en el fondo cuando el precio sube.

5. Fondos cotizados en bolsa (ETF)

Un tipo de fondo indexado es un fondo cotizado en bolsa o un ETF. Los ETF se esfuerzan por copiar el rendimiento de un tipo específico de índice. Debido a que tampoco se gestionan de forma activa, también son mucho más baratos que los fondos de inversión.

Usted puede comprar ETF en la bolsa de valores regular y venderlos de la misma manera. El precio fluctuará al alza y a la baja a lo largo del día, al igual que las acciones regulares. Sin embargo, tanto los fondos mutuos como los fondos indexados tienen un precio fijo que solo se ajusta al final de cada día de negociación.

Las ganancias se obtienen de la misma manera que con todos los demás fondos. Algunos ETF pagan dividendos o tasas de interés, pero usted también puede ganar dinero cuando el fondo aumenta de valor y usted lo vende con una ganancia.

6. Opciones

Una opción es simplemente un contrato para comprar o vender una acción en particular a un precio predeterminado o en una fecha determinada. A pesar de que usted celebre un contrato, no está obligado a comprar o vender las acciones, por lo que tiene la flexibilidad de rechazar la oferta si así lo desea. El contrato solo le da una "opción" para realizar una transacción de este tipo. También tiene la opción de vender el contrato a otro inversor o dejar que expire.

Un contrato de opciones le permite bloquear una acción en particular a un precio más bajo. Si tiene razón, está optando por la posibilidad de comprar las acciones en una fecha posterior a un precio más favorable que el resto del mercado. Si sus predicciones son erróneas, solo perderá el dinero que invirtió en la compra del contrato y se irá.

Tendrá que abrir una cuenta de corretaje en su banco o en una compañía de inversión. Una vez que la cuenta está abierta y financiada, usted puede comenzar a hacer su inversión.

Sin embargo, debe tener mucho cuidado con las tarifas. Algunas compañías cobran cuotas mensuales, mientras que otras cobran por cada transacción. Cuando calcule sus ganancias, asegúrese de que una vez que haya tomado su decisión, las ganancias que usted reclama no sean consumidas por los costos de realizar esa transacción.

Comprender el mercado de bonos

Antes de comprar un bono, necesita investigar un poco. Hay un montón de recursos en línea que le ayudarán a encontrar los mejores bonos en los que invertir. Busque sitios que desglosen toda la información sobre los diferentes valores, cualquier noticia relacionada con su rendimiento, análisis y otra información vital que pueda ayudarle a tomar una decisión. Algunos de los sitios más utilizados son Investopedia, Morningstar, Yahoo y el Finance Bond Center.

Como inversor individual, no puede invertir personalmente en el mercado de bonos. Tendrá que solicitar la ayuda de un inversor institucional. La mayoría lo hace a través del fondo de pensiones de sus empleados, sus bancos, un fondo de dotación o un banco de inversiones. Si no tiene ninguno de estos a su disposición, su próximo paso sería encontrar un administrador de activos que haga la inversión por usted.

Hay tres grupos que están activos en el mercado de bonos.

Emisores: Aquellos que desarrollan, registran y/o venden bonos en el mercado. Estas pueden ser corporaciones o pueden ser de una agencia gubernamental. Probablemente estamos más familiarizados con los bonos del Tesoro de los Estados Unidos, que son emitidos por el Departamento del Tesorería, pero hay otras agencias que también emiten bonos. La mayoría de los bonos emitidos por el gobierno llegarán a su vencimiento a los 10 años.

Aseguradores: Un grupo que evalúa los riesgos de cada uno de los bonos. Compran valores de los emisores y luego los revenden a los compradores para obtener una ganancia.

Participantes: Los participantes compran bonos como préstamos a las distintas entidades. Los préstamos se extienden por la duración del título y reciben el valor nominal del bono una vez que alcanza su fecha de vencimiento.

Las calificaciones son emitidas por una agencia calificadora de bonos y por lo general vienen en forma de una calificación en forma de letra. Por ejemplo, una calificación "AAA" se considera de muy alta calidad y es menos probable que entre en incumplimiento. Una calificación "BBB" se considera de riesgo medio, y cualquier cosa que sea BB o inferior se considera una oportunidad de inversión de alto riesgo.

Comprender el mercado de valores

El mercado de valores es donde se compran acciones de compañías que cotizan en bolsa. Al igual que los bonos, existen diferentes tipos de acciones: acciones comunes, opciones y futuros.

El papel principal del mercado de valores es reunir a compradores y vendedores en un entorno controlado. El mercado garantiza que todos los valores se negocian de forma justa, honesta y transparente. Mantienen el comercio entre los inversionistas y las compañías de forma transparente.

El mercado de valores tiene dos componentes separados. El primero se destina a las nuevas compañías que ofrecen ofertas públicas iniciales o IPO para su comercialización. Los aseguradores fijan el precio inicial de los valores para la venta. Las OPI tienden a ser inversiones de mayor riesgo ya que la mayoría de estas corporaciones aún no han demostrado su valor.

El segundo componente es para la negociación de acciones para las compañías más establecidas. Aquí es donde tiene lugar la mayor parte de la negociación en el mercado de valores.

Existen varias bolsas de valores diferentes, cada una de las cuales ofrece diferentes valores para negociar.

Nasdaq: Se trata de una bolsa electrónica en línea que enumera los valores emitidos por compañías de menor capitalización. Las acciones en el Nasdaq incluyen compañías que comercian en una amplia gama de industrias, incluyendo bienes de consumo, servicios, servicios públicos, salud y tecnología.

Bolsa de Nueva York: La NYSE negocia algunas de las compañías públicas más grandes y antiguas que existen. Probablemente haya escuchado sobre el Dow Jones Industrial Average (DJIA), que consiste en las 30 principales compañías más grandes de la NYSE. Estos son también los índices más antiguos y referidos del mundo.

American Stock Exchange: Inicialmente, se utilizó para operar con clases de activos completamente nuevas. Hoy en día, es la bolsa utilizada para comprar y vender ETF.

Existen varias diferencias claras entre el mercado de bonos y el mercado de valores. El mercado de valores tiene un lugar central de comercio donde los inversionistas de todo tipo pueden comprar y vender sus intereses, mientras que el mercado de bonos no lo hace. Además, hay una diferencia en los niveles de riesgo entre los dos. Aquellos que deciden invertir en el mercado de valores están probablemente expuestos a un mayor nivel de riesgo que aquellos que invierten en el mercado de bonos.

Sin embargo, es más probable que los bonos se vean afectados por la inflación y las tasas de interés. Cuando hay un aumento en las tasas de interés, los precios de los bonos tienden a bajar. Por otro lado, si los tipos de interés son altos, el valor del bono en sí puede ser deflactado.

Los riesgos de crédito también son algo que debe considerar cuidadosamente. La compra de un bono de una compañía con mal crédito lo deja abierto a un posible incumplimiento. En la mayoría de los casos, es posible que el emisor ni siquiera pueda hacer los pagos de intereses mínimos de su inversión y usted podría perder mucho más.

Algunas de las opciones de inversión más seguras para empezar son los bonos del Tesoro de los Estados Unidos. Es menos probable que experimente un incumplimiento, pero eso no significa que estén 100% libres de riesgo. Todavía son susceptibles a la volatilidad de los precios durante la vida del préstamo.

Consejos para elegir las acciones adecuadas para usted

Su elección de acciones para negociar dependerá de varios factores. 1) su experiencia, 2) cuánto tiene que invertir, 3) y su estrategia de inversión real.

Hay varias estrategias a considerar: operaciones de día, operaciones de posición u operaciones a largo plazo. Es importante tener en cuenta que su plan de operaciones no es una estrategia fija, ya que necesita ser lo suficientemente dinámico y flexible como para adaptarse a un mercado en constante cambio. Más tarde, a medida que comience a operar y a observar sus éxitos y fracasos, se volverá más sabio en sus decisiones, reconocerá sus fortalezas y debilidades y aprenderá a utilizar ese nuevo conocimiento de manera más efectiva.

Antes de empezar:

1. Conozca sus objetivos ¿Qué espera lograr con su cartera financiera? Aquellos que buscan generar ingresos se fijarán en las compañías de bajo crecimiento en industrias estables como los servicios públicos, los REIT (Fideicomisos de Inversión en Bienes Raíces) y las asociaciones. Si tiene una idea clara de su tolerancia al riesgo y de cómo la gestionará, intentará preservar su capital invirtiendo en valores de primera clase.

2. Si usted está más interesado en preservar el capital, entonces podría centrar su atención en aquellas compañías que pasan por varias etapas del ciclo de vida y que se encuentran dentro de los límites del mercado.

3. Todas las acciones subirán y bajarán de precio, pero no todas subirán al mismo tiempo. Al invertir en una gama más amplia de acciones, tendrá una mejor oportunidad de generar una cantidad constante de ingresos sin inconvenientes significativos con los que lidiar.

4. Sea observador. Al invertir en acciones, usted siempre está aprendiendo. Manténgase al día de todos los acontecimientos actuales del mercado. Acostúmbrese a leer blogs, estudiar revistas y mantenerse al tanto de las últimas noticias financieras. Usted debe hacer esto diariamente.

5. Encontrar la compañía adecuada. Comience por rastrear el rendimiento de una industria elegida y luego mire las acciones enumeradas en esa industria. Compruebe el ETF para la industria y vea qué compañías tienen.

6. Filtrar por sector o industria puede ser un buen comienzo, pero puede ampliar la búsqueda aún más y filtrar su lista por otros detalles como capitalización bursátil, rentabilidad por dividendos u otras métricas prácticas que le ayudarán a decidir.

7. No pierda su energía en tratar de atrapar el fondo absoluto de cualquier cotización de acciones, ni debe tratar de permanecer en una operación hasta que se agote en la parte superior. Mantenga su enfoque en el crecimiento de su patrimonio neto y salga cuando sepa que será para su beneficio.

8. No se rinda ante el FOMO, ni ante el miedo de perderse. Considere cada operación como una experiencia de aprendizaje y aproveche las que puede y olvídese de las que no puede.

9. Para empezar, elija una sola cepa y estudie los resultados a lo largo del tiempo.

10. Utilice los gráficos de operaciones para tener una idea clara del mercado y de los movimientos de las acciones.

11. Siga adelante con su plan hasta que obtenga los resultados deseados.

Elegir acciones que se ajusten a su personalidad

Nos sentimos naturalmente atraídos por aquellas cosas que entendemos mejor. Si tiene veintitantos años y ha pasado sus años formativos jugando muchos videojuegos, tiene una mente rápida y sabes cómo mantenerte enfocado, la inversión a corto plazo puede ser la mejor estrategia para usted.

Por otro lado, si usted está cerca de la edad de jubilación, es lento en la toma de decisiones, y le gusta mirar las cosas desde todos los ángulos, entonces tal vez el comercio diario sería una mejor opción. Si su objetivo es generar un poco de ingresos adicionales de un mes al siguiente, entonces el comercio de dividendos podría ser su mejor opción.

Cualquiera que sea el estilo de inversión que elija, piénselo bien. Es muy importante que entienda la volatilidad de las acciones, los movimientos de precios y el rendimiento esperado.

Administre su riesgo

Cada opción de inversión tiene su propio nivel de riesgo. Su objetivo es preservar su capital y gestionar ese riesgo con cada decisión que tome. Incluso si usted sufre pérdidas, usted quiere estar seguro de que tiene suficiente capital para mantener algo en juego.

Cada inversión que usted elija debe ser una experiencia educativa. Tómese el tiempo para analizar y calcular los costos, esforzándose por tomar una decisión informada.

No lo complique demasiado

Manténgalo lo más simple posible. Cada acción tiene su propio conjunto de hábitos y movimientos; cuanto más comprenda estos hábitos, más fácil será anticiparse a cómo se mueve y tomar decisiones en consecuencia. Una vez que se sienta cómodo con un caldo, añada otro y repita el proceso. Si usted continúa con este patrón, es menos probable que se encuentre en una situación en la que no pueda desenvolverse.

¿Qué es un plan de inversión?

Básicamente, es un plan de cómo invertir en el mercado de valores. Dicta sus acciones para que no tome decisiones impulsivas que puedan poner en riesgo su capital. Aquí hay un ejemplo de un plan de Day Trading con el que puede empezar hasta que se moje los pies:

1. Negocie una acción a la vez
2. Cuando esté familiarizado con esa acción, invertiré en una segunda.
3. Opere solo dentro del rango de precios de $20-$40
4. Acciones comerciales que tienen un volumen promedio de 30 días que oscila entre un mínimo de 1 millón de acciones y un máximo de 2 millones
5. El stock debe tener un grado medio de volatilidad.
6. No se negocian acciones de biotecnología
7. Maximizaré mi cartera en cinco acciones
8. Estudiaré el rendimiento de cada una de las acciones durante múltiples períodos de tiempo cada noche.
9. Seguiré a S&P Futures

He aquí un ejemplo de un plan para el comercio swing

1. Seleccione hasta 50 acciones para el comercio
2. Invierta en uno a la vez
3. Cuando me sienta cómodo y familiarizado con uno, entonces agregaré otro.
4. El precio será de $25 o más
5. Las acciones tendrán un volumen promedio de 30 días de 500,000 acciones al día o más.
6. Elegiré 25 para una larga lista de vigilancia

    a. Cada uno tendrá ingresos y ganancias crecientes
    b. Tendrán una fuerza relativa alta en sus sectores líderes
    c. Estarán por encima de la media móvil de 200
    d. Deberían estar siguiendo a S&P Futures

7. Elegiré 25 para mi lista corta de vigilancia

    a. Éstos tendrán ingresos y ganancias decrecientes
    b. Tendrán una fuerza relativa baja en los sectores líderes
    c. Se desempeñarán por debajo de la media móvil de 200
    d. Deberían estar siguiendo a S&P Futures

8. Estudiaré la señal estocástica

Las 5 mejores estrategias bursátiles de todos los tiempos

Una vez que haya decidido en qué compañía invertir, probablemente esté ansioso por empezar a ganar dinero. Usted necesita una estrategia que dicte cómo quiere invertir. Existen cinco estrategias diferentes para invertir en acciones, y vale la pena comprender un poco sobre cada una de ellas para ayudarlo a determinar cómo va a invertir su dinero.

Comercio en general: Usted se está anticipando a los movimientos del mercado en general, buscando promedios que le den una idea de su dirección.

Negociación selectiva: El comercio selectivo significa que usted escogerá las acciones que espera que tengan un mejor rendimiento que el mercado general en el transcurso del próximo año.

Comprar Bajo Vender Alto: Entra en el mercado cuando los precios están en un nivel extremadamente bajo. Si usted elige bien y la acción se recupera, usted puede hacer una pequeña ganancia bastante ordenada.

Selección de tirón largo: Elija los negocios que espera que prosperen a largo plazo y le irá mejor que al negocio promedio dentro de su industria.

Compras a precio de ganga: Elegir acciones que usted sabe que se están vendiendo por debajo de su valor de mercado.

Su enfoque de inversión no debe basarse en impulsos, sino que debe pensarse racionalmente y luego aplicarse con disciplina deliberada. De esta manera, no tendrá que preocuparse por cada cambio que vea en el mercado, sino que se sentirá cómodo con sus decisiones y podrá entender los movimientos cuando ocurran.

8 peores errores de inversión que debe evitar

Cuando haces las cosas deliberadamente, te estás protegiendo a ti mismo y a tus finanzas. Sin embargo, los nuevos inversionistas a menudo ceden ante el fuerte impulso de arriesgarse con esa inversión arriesgada. Ese y varios otros errores son a menudo la causa de importantes pérdidas financieras en el mercado. Aprender a evitarlos puede hacer una gran diferencia en la rapidez con la que construye su cartera y lo pone en el camino correcto hacia mayores ganancias.

1. ***Invertir antes de que usted entienda.*** Si usted no está bien familiarizado en una industria, debe evitar esas acciones. Esfuércese por entender el modelo de negocio y cómo planea aumentar sus beneficios. Siempre esfuércese por tener una idea clara de hacia dónde se dirige el negocio y cómo planea llegar allí antes de comprometerse.

2. ***Permitir que su amor por una compañía supere su buen juicio.*** A veces nos enamoramos de una compañía a la que le va muy bien en el mercado. Nunca olvides que tu meta no es apoyar a una compañía que amas, sino ganar dinero. Si bien las acciones pueden estar funcionando bien, sus fundamentos pueden cambiar en cualquier momento, así que siempre manténgase al tanto de lo que sucede con sus acciones y eventos que podrían afectarlo. Nunca ames tanto una acción que no puedas venderla.

3. ***No ejercer la paciencia.*** Siempre es prudente tener paciencia a la hora de invertir; el movimiento lento y deliberado a menudo da mejores resultados que las

ráfagas rápidas que llegan a la cima. Sus expectativas deben ser realistas para que no se desanime cuando las cosas no suceden rápidamente.

4. ***Saltar dentro y fuera de los negocios con demasiada frecuencia.*** Mientras que usted puede hacer un beneficio aquí y allá, las operaciones frecuentes incurren en honorarios frecuentes que normalmente se comerán cualquier beneficio que usted haga. Agregue a eso los impuestos que tendrá que pagar más tarde, y fácilmente podría terminar perdiendo una gran cantidad de dinero en lugar de aumentar sus ganancias.

5. ***Tratar de cronometrar el mercado.*** Es más probable que sus posibilidades de éxito se vean afectadas por la toma de decisiones informadas que por el intento de llegar al mercado en un momento específico.

6. ***Tratar de vengarse.*** Si usted experimenta una pérdida en el mercado, es mejor alejarse en lugar de esperar una oportunidad para recuperar su dinero. Aferrarse a las acciones puede hacer que pierda aún más dinero a medida que el precio sigue bajando. Es mejor conservar al menos parte de su inversión vendiendo su posición y reinvirtiendo lo que queda en una opción más estable.

7. ***No Diversificar.*** Siempre invierta en más de una industria. Esto distribuye su exposición sobre una amplia gama de posibilidades y protege sus activos. Trate de asignar fondos a todos los sectores principales y evite gastar más del 10% de su cartera en un solo activo.

8. ***Tomar Decisiones Emocionales.*** Mantenga la calma y deje que su lógica gobierne sus decisiones. Mantenga su enfoque en los resultados a largo plazo y en los promedios. Le mantendrá cuerdo en este negocio y le impedirá tomar decisiones apresuradas que podrían costarle a largo plazo.

9. **Crear un Plan de Acción.** Nunca intente vencer al mercado, pero siempre trabaje hacia sus metas personales. Sea realista sobre sus expectativas y evite saltar a una acción que hace promesas que usted sabe que son demasiado buenas para ser verdad.

10. **Hacer su plan automático.** Una vez que usted ponga su plan en acción, siga agregando a él. La construcción de su inversión debe continuar durante toda su vida.

11. **Aprovechar sus ganancias.** No hay nada de malo en sacar un poco de su dinero de la parte superior para disfrutar ahora mismo, hoy. Tal vez al final del año, usted puede tomar el 5% de sus ganancias para un poco de diversión. Esto le dará el incentivo para seguir avanzando hacia sus objetivos y hacer crecer su cartera.

Sin duda, usted cometerá errores cuando invierta en el mercado de valores. Acostúmbrate a ello. Es una parte importante de la inversión. Sin embargo, puede minimizar el número de errores que comete siguiendo estas pautas básicas. Ellos le ayudarán a convertirse en un mejor inversionista con el tiempo. Al tomar decisiones basadas en hechos y datos reales y no en emociones, usted estará un paso por delante de cualquier otro nuevo inversor que entre en el mercado.

Capítulo 4: Acciones de dividendos

¿Cómo se sentiría si pudiera tener un flujo constante de ingresos sin tener que mover un dedo para trabajar? La mayoría de nosotros hemos soñado con que esto ocurriera, pero algunos han sido capaces de encontrarlo a través de las acciones de dividendos. Cuando usted invierte en acciones de dividendos, esencialmente está construyendo un ingreso continuo que durará mientras la compañía en la que invierte siga siendo rentable.

Sin embargo, antes de depositar todo su dinero en estas acciones, necesita saber cómo funciona el sistema de dividendos. Cómo se pagan los dividendos y los diferentes tipos de dividendos que puede elegir. Probablemente usted entre en esta arena sabiendo que los dividendos se pagan en diferentes acciones, pero entender cómo encontrar y capitalizar los dividendos en efectivo, dividendos de acciones y dividendos de propiedad puede hacer toda la diferencia en el rendimiento de sus inversiones. Aquí hay algunos consejos básicos que le ayudarán a entrar en este tipo de oportunidad de inversión sin cometer errores costosos en el camino.

Cuando una compañía paga dividendos

No todas las compañías que obtienen beneficios pagan dividendos. Algunos optan por conservar sus ganancias y luego reinvertirlas nuevamente en el negocio, ya sea reduciendo su deuda o expandiendo sus operaciones. Las compañías que pagan dividendos están literalmente compartiendo un porcentaje de sus ganancias con sus accionistas. Aquellos que eligen invertir en acciones de dividendos generalmente tienen el objetivo final de usar esos pagos regulares para mantenerse a sí mismos.

Antes de pagar un dividendo, primero debe ser aprobado por la Junta Directiva de la compañía. Si la compañía paga mensualmente, entonces deben tener aprobación cada mes. Una vez que se aprueba el dividendo, hay tres fechas que un inversionista necesita saber.

Fecha de declaración: fecha en la que la compañía hace público el anuncio de su decisión de pagar un dividendo.

Fecha ex-dividendo: la fecha en que se toma la decisión de quién será pagado. Cualquier accionista registrado en esa fecha recibirá un dividendo por cada acción que posea.

Fecha de pago: Es la fecha en que el dividendo se distribuye realmente a los accionistas. La mayoría de los dividendos se pagan trimestralmente, pero hay varios que se pagan mensual, semestral o anualmente también.

Visitar sitios como Dividend.com le dirá con qué frecuencia se pagan dividendos por cada acción y cuánto. Por ejemplo, si usted ve que una compañía está pagando $1.00/acción cada trimestre, significa que los inversionistas están recibiendo $.25/acción cuatro veces al año, no $1 cuatro veces al año.

Diferentes tipos de dividendos

La forma más común de pago de dividendos son los dividendos en efectivo. Estos se pagan directamente de los beneficios generados durante un período de tiempo. Hay varios tipos diferentes de dividendos en efectivo. Si usted es dueño de acciones preferentes, entonces la compañía debe hacer esos pagos de dividendos primero a los accionistas preferentes, antes de que cualquier pago sea pagado a los accionistas comunes. Los dividendos de las acciones preferentes se fijan automáticamente, pero los dividendos de las acciones ordinarias pueden cambiarse, suspenderse o incluso detenerse por completo según el criterio de la Junta Directiva.

1. ***Dividendos de propiedad.*** Algunas compañías prefieren dar propiedades en lugar de dinero en efectivo a sus accionistas. La propiedad puede adoptar cualquier forma dependiendo de los holdings de la compañía. Un dividendo de propiedad podría ser cualquier cosa, desde lápices hasta oro, pasando por coches y aderezos para ensaladas. Se registran a su valor de mercado en la fecha de la declaración.

2. ***Dividendos especiales.*** Ocasionalmente, una compañía puede elegir hacer un dividendo especial por varias razones. Por lo general, se trata de distribuciones únicas que siguen a un gran éxito en el negocio. Tal vez ganaron un litigio importante en los tribunales, vendieron una parte del negocio o liquidaron con éxito una inversión. Estos dividendos especiales pueden ser en efectivo, acciones adicionales de la compañía o propiedades.

3. ***Dividendos en acciones.*** Los dividendos en acciones son cuando un inversionista recibe acciones adicionales de la compañía en lugar de una distribución en efectivo. Hay varias razones por las que una compañía puede optar por emitir acciones de esta manera. Es posible que no tengan suficiente efectivo disponible para pagar un dividendo en efectivo, o que estén tratando de diluir el valor de las acciones para alentar a más inversionistas a

comenzar a operar. Bajar el precio es un excelente incentivo para invertir. Con más acciones en el mercado, el valor por acción disminuye. Es mucho más fácil para los inversionistas pagar por una acción de $10 que una de $100.

4. ***División de acciones.*** Una división de acciones es muy similar a un dividendo en acciones. Una compañía puede optar por duplicar, triplicar o cuadruplicar el número de acciones en circulación. Con una subdivisión de acciones, el valor de cada acción se reduce, pero cada inversor sigue teniendo el mismo valor total de su inversión. Si poseía 100 acciones a $ 100 cada una y la compañía ofrece una división de acciones de 2-1, ahora posee 200 acciones a $ 50 cada una.

Si la inversión en dividendos es adecuada para usted o no, depende de sus objetivos. Cuando una compañía decide que va a pagar dividendos, una de las primeras cosas que considera es su capacidad para reinvertir el efectivo que tiene a mano a un tipo de interés más alto que el que podrían tener los accionistas. Por ejemplo, si una compañía en la que usted está invirtiendo está ganando el 25% de su capital y no tiene ninguna deuda sobre su cabeza, la gerencia podría decidir retener todas sus ganancias confiando en que el inversionista no encontrará otra compañía que sea capaz de aportar esa cantidad de retorno.

Desde la perspectiva del inversionista, es posible que usted solo esté interesado en invertir en esa compañía por el dividendo para cubrir sus gastos de subsistencia. Este tipo de inversionistas no están necesariamente interesados en el valor real de las acciones, sino en si usted podrá o no pagar sus cuentas con los dividendos que gane.

La relación de pagos

El índice de pago es el porcentaje del ingreso neto que una compañía paga como dividendo. Es importante entender esta relación a la hora de elegir las acciones en las que invertir. Este porcentaje le da el crecimiento proyectado de una compañía y lo que puede esperar de ella en el futuro.

Para calcular el índice de pago, consulte el estado de flujo de efectivo de la compañía. Por ejemplo, si el estado de cuenta de una compañía dice que pagó $2,166 mil millones en dividendos a los accionistas y su estado de resultados dice que tuvo un ingreso neto de $4,347 mil millones, usted podría calcular la proporción usando la siguiente fórmula.

2.166.000.000 de dólares de dividendos
4.347.000.000 de dólares de ingresos netos

La respuesta del 49,8% da una cifra bastante reveladora. Muestra que la compañía pagó casi la mitad de sus beneficios netos a los accionistas a lo largo del año.

La rentabilidad por dividendo

Otro cuadro que verá cuando busque el historial de dividendos de una compañía es el rendimiento de dividendos. Esto le indica cuánto está ganando en relación con el precio de una acción ordinaria al precio de mercado actual. Cuando usted compra una acción que tiene un alto rendimiento de dividendos, puede generar una buena fuente de ingresos.

Para calcular la rentabilidad por dividendo, divida el dividendo anual por el precio actual de la acción. Por lo tanto, si invirtiera en Starbucks hoy, su rendimiento de dividendos se calcularía de la siguiente manera.

$1.44/94.16 = 1.53%

Dividendos y sus impuestos

Los dividendos se gravan a una tasa más baja que los impuestos regulares sobre la renta. Algunos dividendos denominados "dividendos cualificados" pueden estar sujetos a un tipo impositivo más elevado, en consonancia con un impuesto sobre las plusvalías. Para evitar caer en esta trampa, para que sus dividendos ganados sean incluidos en esa categoría de impuestos de tasa más baja, usted debe mantener las acciones por un mínimo de 60 días.

Elegir acciones que paguen altos dividendos

Al elegir invertir en acciones de dividendos, usted quiere encontrar aquellas que paguen los dividendos más altos. Hay miles de acciones que pagan dividendos, por lo que debe tener cuidado al examinarlas detenidamente. Busque aquellas compañías que tienen una historia de dividendos en constante aumento durante al menos veinte años. Analice el historial de la compañía hasta que esté seguro de que está en condiciones de continuar esta tendencia en un futuro previsible.

Tenga en cuenta que la capacidad de una compañía para pagar dividendos está directamente relacionada con su flujo de caja. Usted busca estabilidad. Una compañía puede reportar una pérdida neta y aun así tener un flujo de caja saludable. Si una compañía está reduciendo sus dividendos, puede apostar a que va a perder algo de estabilidad a medida que los inversionistas empiezan a retirarse. No reducirán su pago por un problema que esperan que sea solo temporal. Por otro lado, una compañía que aumenta sus dividendos solo lo hará si el negocio es capaz de mantener la tasa más alta durante un período de tiempo prolongado.

DRIPS

A medida que comienza a ganar dividendos, la cantidad de dinero que recibe puede parecer minúscula en el mejor de los casos, pero eso está bien. A menos que necesite un flujo saludable de efectivo, puede invertir ese dinero en la compra de más acciones a través de un Plan de Reinversión de Dividendos (Dividend Reinvestment Plan, DRIP).

Cuando se inscriba en un plan DRIP, ya no recibirá pagos de dividendos, pero el dinero se utilizará automáticamente para comprar acciones adicionales de la misma acción. Hay varias razones por las que usted querría hacer esto:

- Las pequeñas ganancias se reinvertirán automáticamente.
- La mayoría de los planes DRIPS tienen comisiones mínimas o nulas
- Se le permite comprar acciones fraccionarias, lo que con el tiempo puede aumentar su patrimonio de manera significativa.
- Usted puede dividir su plan de recompra de dividendos, de modo que todavía recibe algún pago en efectivo mientras que el resto del dinero se destina a la compra de acciones adicionales.

Recuerde, por cada acción que compre, el pago de dividendos que reciba aumentará, pero con DRIPS, usted no pondrá más de su capital de trabajo en la cuenta, y la inversión comenzará a pagarse por sí misma.

Piense en cómo esto podría funcionar para su beneficio. Imagínese poseer 1.000 acciones de una compañía valoradas en 49 dólares por acción. El dividendo anual es de 1,50 por acción pagada trimestralmente. Usted recibiría un pago trimestral de .375 por cada acción o $375.00. Usted podría recibir todo ese dinero cada trimestre sin problemas, pero si no necesita el dinero en efectivo para cubrir los gastos de subsistencia, entonces podría inscribirse en DRIPS y reinvertirlo todo (o parte de él) para comprar acciones adicionales de las mismas acciones. $375 podrían comprarte otras 7 acciones. La próxima vez que se deba un pago de dividendos, sus ingresos se habrían movido de $375 a $377.62.

Si usted continúa repitiendo este patrón durante los próximos 10 a 20 años, podría ver cómo esto aumentaría sus ganancias sin tener que poner otra moneda de diez centavos en el bote. DRIPS se está dando un aumento.

Cómo encontrar las mejores acciones de dividendos para su cartera

Con el fin de generar suficientes ingresos por dividendos, la mayoría de la gente invierte en acciones con altos dividendos. Cuando usted toma buenas decisiones y contribuye consistentemente a su cartera, puede generar un ingreso bastante pasivo del que puede vivir durante sus últimos años. Los inversionistas más exitosos construyen una cartera basada en pagos de dividendos más altos.

Hay varias maneras de encontrar estas poblaciones, pero hay que tener cuidado. A menudo, el análisis de la rentabilidad de los dividendos puede ser engañoso, por lo que siempre hay que ser consciente de una posible trampa de dividendos. Usted necesita encontrar esas existencias de dividendos altos y aun así obtener algún tipo de protección contra riesgos potenciales donde los dividendos podrían reducirse o eliminarse.

- El índice de pago no debe exceder el 70%, lo que significa que la compañía está reteniendo un mínimo del 30% de sus ganancias para reinvertir.
- Busque compañías con una buena flexibilidad de precios. De esta manera, pueden subir sus precios si la tasa de inflación se vuelve demasiado alta. Esto mantiene el dinero fluyendo en su cuenta bancaria, incluso si la economía no es estable.
- Observe la relación entre la deuda y el capital de la compañía. Debe ser del 50% o menos. Esto le indica que hay un valor neto de $1 por cada $1 de deuda que la compañía tiene.
- La relación precio-beneficio debe ser de 15 o menos, lo que puede proporcionar cierta protección en caso de que el dividendo se reduzca por alguna razón.

No cometa estos 10 errores de inversión de dividendos

Comprar acciones de dividendos puede ser complicado. Si bien el potencial de ganancia es grande, usted puede fácilmente caer en enormes trampas si no es cuidadoso en su búsqueda. No se apresure a tomar una decisión. Aun así, con un poco de conocimiento usted puede evitar muchos de los errores que a menudo se asocian con este tipo de inversiones.

1. ***No confíes en un consejo caliente.*** No importa cuánto confíes en la persona que te lo da, una propina es solo una propina. Usted puede confiar en la sinceridad

de alguien, pero haga que sea una regla verificar siempre la información que recibe. Por lo menos, debería consultar los estados de cuenta de la compañía en los últimos dos años y consultar los números usted mismo. Mira bajo el capó, patea las llantas y así sucesivamente. Compruebe si alguien de dentro está comprando acciones o, si es posible, hable directamente con alguien de la compañía que pueda saber lo que está en línea para el futuro.

2. ***Haga el trabajo.*** Sí, hacer la investigación puede ser un verdadero dolor, pero al final valdrá la pena. Siempre haga los deberes. Esto le ayudará a evitar que se involucre demasiado emocionalmente en una acción potencial. Cuando usted entiende lo que está comprando y sabe cómo se está administrando la compañía, es menos probable que tome una decisión impulsiva de la que se arrepienta más adelante. Si el mercado se hunde, usted sabrá exactamente por qué y ya tiene un plan de respaldo para reducir sus pérdidas.

3. ***No compre/venda solo por el dividendo.*** No compre las acciones solo para obtener el dividendo y luego véndalo inmediatamente después. Perderá dinero. Sí, usted cobrará el dividendo según lo prometido, pero en la mayoría de los casos, el precio de la acción bajará considerablemente después del pago. En el mejor de los casos, usted puede esperar alcanzar el punto de equilibrio. Los inversionistas rara vez ganan dinero en este tipo de operaciones, y mucho de lo que usted gana se lo comerán con honorarios y comisiones.

4. ***Mire más allá del rendimiento.*** El hecho de que una acción tenga un alto rendimiento no siempre

significa que no esté en problemas. No se deje cegar por un alto rendimiento para convencerse de que una acción vale la pena. Algunas compañías que tienen un bajo rendimiento son mucho más estables y confiables que aquellas con una historia volátil y un alto rendimiento. Siempre mire el panorama general antes de tomar una decisión. Usted quiere saber por qué el rendimiento es alto. ¿Se debe a que paga altos dividendos o a la baja cotización de sus acciones?

5. *Mire hacia el futuro.* Cuando se investiga una acción, se observa su historia o su situación actual. Esto es importante porque le da una imagen en tiempo real de lo que puede esperar de la compañía. Su objetivo es generar un ingreso pasivo en el que pueda confiar en años posteriores, por lo que también necesita saber qué esperar en el futuro.

Si usted es inteligente, observará la historia de la compañía para ver qué tan bien se ha desempeñado en el pasado y usará esa información para proyectarse hacia el futuro. Si históricamente han aumentado los dividendos periódicamente en el pasado, podría ser razonable creer que continuarán esa tendencia, especialmente si las cifras se ven bien. Esté atento a cualquier noticia que pueda tener un impacto en el desarrollo de la compañía u otros asuntos que no sean fácilmente aparentes.

6. *Manténgase siempre alerta en el mercado.* No asuma que debido a que usted ha invertido en una compañía que tiene una historia sólida, buenos números, y que ha golpeado todas sus marcas, que usted debe dejar todo correr. Incluso las grandes compañías

estables se derrumbarán algún día. De los miles de compañías que estaban en la Bolsa de Nueva York hace 100 años, quedan menos de dos docenas. Eso significa que incluso los conglomerados masivos del pasado se han estrellado y quemado un día. Manténgase siempre atento al mercado. Es la única manera de proteger su inversión.

7. ***La compra de una acción basada únicamente en el precio.*** Hay una gran diferencia entre el precio de una acción y su valor real. Tienes que entender esta diferencia. El hecho de que una acción tenga un precio bajo y parezca más asequible no garantiza que sea un buen negocio. Comprar basado puramente en el precio no es invertir, es simplemente apostar, lo que no produce el tipo de resultados que usted necesita para crear una cartera.

8. ***Mantener una acción durante demasiado tiempo.*** Cuando una acción tiene un rendimiento deficiente, deshágase de ella. Esa acción no es tu amigo, no es alguien a quien le debes nada. Si el precio está cayendo en picada y no hay indicios de que se vaya a recuperar en un futuro cercano, esperar a vender es casi una garantía de que va a perder. Deshazte de él, no dejes que las emociones dicten lo que debes hacer; hay miles de otras opciones que te harán ganar dinero. Si las acciones se recuperan más tarde, siempre puede volver a comprarlas.

9. ***No olvide sus impuestos.*** Con demasiada frecuencia, los inversionistas se ven envueltos en sus ganancias y no dan cuenta de la deuda que tienen con el Tío Sam. Cada vez que gane dinero, habrá que pagar impuestos.

Independientemente de la herramienta de inversión que utilice, si no está seguro de sus obligaciones tributarias, hable con un contador de impuestos y manténgase seguro. Usted debe hacer esto cada año, porque las leyes de impuestos cambian con frecuencia. Deberá ajustar su plan de inversión para asegurarse de que sus ganancias sean más que suficientes para mantener a raya al IRS.

10. ***Tome a los medios de comunicación demasiado en serio.*** Cuando empiece a investigar diferentes acciones, habrá un flujo interminable de informes de los medios de comunicación, analistas financieros y opiniones sobre lo que es una acción buena o mala. Muchos de ellos tienen muy buena información que considerar, pero no siempre tienen razón. El valor de su información es tan bueno como sus recursos. Ninguna fuente es 100% confiable. Siempre haga su mejor esfuerzo para verificar cualquier información que reciba, especialmente si no la obtiene directamente de la propia empresa.

Elegir las mejores acciones de alto dividendo no es ciencia de cohetes, pero puede hacerte sentir como si estuvieras navegando por uno de los cráteres de la luna. Hay tantas áreas oscuras en las que puede meterse en problemas que deberá tener mucho cuidado de no caer en ninguna de las trampas que atrapan a tantos inversionistas novatos.

Lo que necesita saber sobre las tasas de impuestos sobre dividendos

A medida que sus ganancias empiezan a llegar, es importante mantener todo en perspectiva. Por mucho que te gustaría pensar eso, todo ese dinero no es tuyo. Como siempre, el Tío

Sam está sentado en la banda esperando su parte. Una vez que empiece a cobrar dividendos, tendrá que apartar algunas de esas ganancias para mantenerlo apaciguado.

La mayoría de los dividendos se pagan en efectivo, pero dependiendo de dónde decida colocar sus inversiones, también puede recibirlos en forma de acciones adicionales, opciones sobre acciones, propiedades, servicios u opciones. Independientemente del instrumento en el que invierta, se considera una ganancia, y usted debe reclamarla en sus impuestos sobre la renta.

Dividendos Ordinarios vs. Dividendos Calificados

Hay dos tipos diferentes de dividendos que usted podría estar recibiendo. Los dividendos ordinarios son los que se reciben de los beneficios de una compañía. La cantidad que usted recibe generalmente se basa en el tipo de acciones que usted tiene. Las acciones preferentes pagan más que las inversiones en acciones ordinarias, pero cualquier dividendo recibido de una acción preferente seguirá considerándose un dividendo ordinario a menos que se estipule lo contrario.

Los dividendos calificados cumplen con los requisitos del IRS para los impuestos sobre las ganancias de capital, que se gravan a una tasa más alta que los dividendos ordinarios. Dependiendo de su nivel de impuestos, usted puede esperar pagar desde nada hasta un 20% de sus ingresos.

Según las leyes fiscales vigentes, debe declarar todos los ingresos por dividendos recibidos, aunque sean de escasa cuantía. Si usted recibió más de $10 de cualquier compañía, tendrá que presentar un Formulario 1099-DIV declarando la cantidad exacta que recibió. Si los dividendos que recibió provienen de un fideicomiso, patrimonio o una corporación S, también debe presentar un Anexo K-1, el cual determinará el porcentaje de dividendos sobre el cual debe pagar impuestos.

Usted debe recibir automáticamente los formularios requeridos que debe presentar de la compañía, pero si por alguna razón no lo hace, usted todavía está obligado a reportar los ingresos en su declaración de impuestos. Incluso si usted no recibe un pago real de esos dividendos, el IRS todavía los ve como ingresos gravables. Por lo tanto, incluso si los reinvierte en la compra de más acciones, se le exige que lo declare ingreso.

Cómo reportar dividendos

Usted puede reportar sus ingresos de dividendos en su 1040 From regular. Si sus ingresos totales recibidos ascienden a más de $1,500 o si algunos de los dividendos que recibe son como nominados para otra persona, entonces también debe presentar un formulario del Anexo B.

La emoción de ver su dinero trabajando para usted puede ser realmente sorprendente, pero para asegurarse de que los éxitos que recibe no se vean afectados por los problemas con el IRS, siempre tómese el tiempo para presentar sus ingresos correctamente. De esta manera, usted puede disfrutar realmente del dinero que gana sin reservación.

Capítulo 5: Comercio diario

Si la inversión de dividendos es un poco demasiado lenta para usted, una manera más rápida de generar nuevo efectivo es con el comercio diario.

¿Qué es el Comercio Diario?

El Comercio diario funciona de la misma manera que la inversión regular en el mercado de valores, pero todas sus transacciones se completan en un solo día. En esencia, usted compra y vende antes del cierre del día de negociación. Los operadores que realizan este tipo de operaciones son considerados especuladores, una forma de operar que conlleva riesgos mucho mayores.

Una de las razones para cerrar durante un solo día es para proteger las ganancias que los inversionistas podrían haber recibido a lo largo del día de negociación. Una vez que el mercado se cierra, pueden ocurrir eventos que podrían invertir la tendencia y ser incapaces de manejar las cosas. Una caída en los precios puede ocurrir fácilmente después del cierre de un día y antes de la apertura del siguiente y con esa caída, gran parte de sus ganancias podrían ir con ella. Sin embargo, al vender su posición antes del cierre del día, usted asegura las ganancias que ha obtenido y así reduce sus riesgos.

Las operaciones del día se pueden hacer en cualquier mercado, pero son más comúnmente realizadas en los mercados de valores o de comercio exterior. Los inversionistas dependen en gran medida del apalancamiento para estas estrategias de negociación a corto plazo, centrándose en hacer su dinero en movimientos de precios aparentemente insignificantes.

Como operador de día, tendrá que mantenerse al tanto de cualquier acontecimiento noticioso que pueda tener un impacto en las operaciones que está realizando. Esta estrategia se denomina "trading the news", en la que se responde a las estadísticas económicas, a los movimientos de los tipos de interés o a los beneficios de compañía. Este tipo de eventos están sujetos a la psicología del mercado, y los inversionistas reaccionarán con movimientos rápidos pero significativos. Los operadores diarios anticipan estos movimientos y los aprovechan para capitalizar sus ganancias.

Mientras que el riesgo puede ser muy alto, la atracción del comercio de día es el potencial para obtener ganancias sorprendentemente rápidas e impresionantes. Sin embargo, para obtenerlos, usted necesita ser un tomador de decisiones rápido, disciplinado y lo suficientemente diligente como para hacer la investigación necesaria para mejorar sus probabilidades de éxito.

Hay muchas razones por las que usted desee probar suerte en el comercio diario.

- Puede beneficiarse cuando el precio está subiendo y cuando está bajando
- Obtiene un margen adicional y puede utilizar el apalancamiento y los movimientos rápidos en el mercado para capitalizar las ganancias.
- Si bien la investigación es necesaria, no es necesaria una investigación detallada de los fundamentos de una empresa. Está aprovechando pequeñas fluctuaciones para no necesitar estrategias de inversión a largo plazo.

- Gana dinero rápidamente.

Estas son solo algunas de las ventajas de entrar en el comercio de día. Si usted piensa que tiene la fortaleza y es un pensador rápido, entonces el siguiente paso es elegir una acción y empezar a operar.

Cómo empezar a operar en el día

Operar durante el día suena bastante simple, pero definitivamente hay una curva de aprendizaje. La selección de las mejores acciones para negociar es solo el principio. Los comerciantes más exitosos se han vuelto muy hábiles en la aplicación de lo que ellos llaman la "Regla de las Tres P", la Planificación, la Práctica y la Paciencia.

Planificación. Definitivamente necesitará un plan de operaciones para empezar. Desarrolle un mapa personal para ayudarle a navegar en sus operaciones. Usted está entrando en un mercado altamente volátil y las cosas se moverán rápidamente. Si no estás preparado, perderás tus notas y terminarás perdiendo más dinero del que ganarás.

Práctica. No lo hará bien la primera vez que salga por la puerta. Podría ser mejor practicar con una de las plataformas de operaciones en línea que le permiten probar sus teorías antes de poner dinero en el juego. Cuanta más práctica tenga, mejor podrá predecir cuándo ocurrirán muchos de estos movimientos volátiles. Si no lo haces bien, no dejes que eso te desanime. Algunos de los operadores de día más experimentados se lo pierden de vez en cuando. Sigue intentándolo hasta que llegues a tu ritmo.

Paciencia. Una vez que tenga un buen plan de operaciones y comience, experimentará algunos altibajos. Necesitas paciencia suficiente para mantener tu plan hasta el final.

Un operador de día sabe cuándo, qué y cómo operar cada acción antes de entrar en el mercado. Para hacer eso, usted necesita entender cómo usar la volatilidad a su favor.

La volatilidad está directamente relacionada con la actividad de los operadores a corto plazo y refleja la dispersión de los rendimientos de una acción en el índice de mercado. Se puede determinar por la diferencia entre los máximos y mínimos de una acción para un día dado y luego dividirla por el precio real para el mismo día. Pero la fluctuación del precio es solo un factor que mide la volatilidad. Por ejemplo, una acción con un precio de $50 que fluctúa tanto como $5 en un solo día se considera mucho más volátil que una acción de $150 que también fluctúa en el rango de $5. Es el porcentaje del movimiento que también influye en su volatilidad.

Los mejores operadores de día buscan operar con las acciones más volátiles. Es el medio más eficiente para ganar dinero rápidamente. Estas acciones tienden a ofrecer el mejor potencial de ganancias, pero vienen con su propio nivel de riesgo. Si usted está intentando probar suerte con uno de estos, necesita dos cosas:
1. Dónde encontrar las acciones más volátiles para negociar
2. Cómo intercambiarlos con indicadores técnicos

La mejor manera de encontrar una acción volátil es ejecutar una pantalla de acciones a través de una plataforma como stockfetcher.com. Estos sitios usan filtros para rastrear los stocks más activos. Por ejemplo, puede seleccionar acciones que se mueven en promedio un 5% o más entre la apertura y el cierre en cada uno de los últimos 100 días. También puede filtrar por cotizaciones bursátiles.

Para una búsqueda más intensiva, otra plataforma que puede utilizar es Finviz.com. Su versión gratuita le dará una lista de los mejores ganadores y perdedores del mercado cada día. También tiene la opción de filtrar más los resultados, buscando detalles sobre la capitalización bursátil, el volumen y el rendimiento. Usted puede ser muy específico en el tipo de filtros que utiliza, de modo que puede terminar con una lista de acciones que cumplen con parámetros muy exigentes.

Nasdaq.com también enumera los mayores ganadores y perdedores del mercado, pero sus resultados no son filtrados por volatilidad. En cambio, obtendrá una lista de acciones que tienen el potencial de ser volátiles. Necesitará examinar manualmente la lista para ver qué acciones tienen la posibilidad de volverse volátiles en un día de operaciones.

Ahora, la cuestión de cómo comerciar con ellos. Cuando haya elegido sus acciones y esté listo para realizar una operación, debe tener paciencia y esperar el momento preciso para entrar en el mercado. Una de las mayores ventajas que tendrá es algo llamado "sesgo direccional". Es entonces cuando se observarán indicadores específicos que le dirán en qué sentido se está moviendo el precio. Siempre debe observar la acción del precio para determinar si el precio está subiendo o bajando en comparación con las olas anteriores.

El oscilador estocástico. Otra herramienta útil que puede utilizar es el oscilador estocástico para predecir acciones volátiles. Esto filtra las acciones que pueden no tener una tendencia muy clara. Incluso cuando una acción es volátil, puede caer en un rango antes de despegar en cualquier dirección. Un solo movimiento puede cambiar las cosas rápidamente, así que lo mejor es esperar hasta que usted reciba la confirmación de que un precio se va a revertir de una manera u otra.

En tales casos, es posible que el precio no tenga una dirección clara, sino que simplemente se esté moviendo hacia un lado durante un tiempo. La mejor estrategia de inversión es esperar hasta que el precio se mueva por encima de 80 y luego vuelva a caer. Eso es cuando usted vende cerca o en la parte superior de su gama. Puede colocar su parada directamente encima del nuevo máximo y su objetivo al 75% del rango total. Por lo tanto, si el rango tiene un máximo de $1, coloque su objetivo en $0.25 sobre el mínimo.

En la parte inferior, puede establecer una posición larga si el estocástico cae por debajo de 20 y comienza a subir por encima de ella. Coloque su parada debajo de la nueva baja y su objetivo debería subir un 75% desde abajo. Una vez más, si el rango tiene un máximo de $1, el objetivo puede ser de $0.25 por debajo del máximo.

Con el oscilador estocástico, realice sus operaciones cuando alcancen los 80 y más para tendencias alcistas y 20 o menos cuando estén en tendencia bajista. Sin embargo, tendrás que moverte rápidamente. Si está realmente en una tendencia, incluso un retraso de un minuto podría alejar demasiado el precio de su objetivo para hacer cualquier operación que valga la pena.

Cuando usted está en una operación, ignore las señales que puedan decir lo contrario de lo que usted cree. Dejemos que el intercambio siga adelante. Llegará al objetivo o se detendrá.

Las acciones volátiles son una gran manera de ganar dinero rápido si usted tiene el estómago para ello. Si puede identificar con éxito una tendencia, tendrá acceso a beneficios aún mayores. Simplemente siga el sesgo direccional para ayudarle a tomar su decisión.

Tenga en cuenta que el hecho de que una acción sea volátil no significa necesariamente que vaya a tener una tendencia. Los precios pueden moverse de un lado a otro durante largos períodos de tiempo. Cuando usted ve que el estocástico alcanza la marca 80 o 20 y luego retrocede, es una indicación de una buena oportunidad para entrar en el comercio.

Estrategias del Comercio Diario

No hay secretos duros y rápidos para el éxito de las operaciones diarias. Aunque puede ser extremadamente lucrativo, está lleno de baches que podrían costarle tanto o más dinero del que puede ganar. El secreto es desarrollar un plan bien pensado que pueda seguir al pie de la letra. El problema con esto es que la mayoría de los novatos no entienden completamente el juego, ni tienen idea de cómo crear tal plan. Estos son solo algunos consejos que pueden ayudarle a desarrollar un buen plan de operaciones para lanzarlo al mercado.

1. ***Nunca deje de aprender.*** Cuantos más conocimientos tenga, menos probabilidades tendrá de cometer un error costoso. Cuando usted realice operaciones diarias, necesita estar al tanto de todas las últimas noticias del mercado. Usted quiere saber cualquier cosa que pueda suceder que pueda tener un impacto en las acciones en las que está invirtiendo. Nunca se retracte de hacer el trabajo adicional, al final

dará sus frutos. Esto es aún más importante cuando las noticias están directamente relacionadas con las acciones en las que está planeando invertir.

2. ***Tenga un fondo de inversión listo.*** Sepa exactamente cuánto dinero está dispuesto y es capaz de poner en riesgo por cada operación que planee realizar. En promedio, los operadores de día suelen invertir aproximadamente entre el 1% y el 2% de su cartera en operaciones de día. Un poco del medio por ciento. Una vez que conozca esa cantidad, divídala en las acciones en las que esté dispuesto a invertir, pero sepa que siempre existe un riesgo, por lo que nunca debe pagar más de lo que puede perder.

3. ***Asegúrese de tener tiempo.*** El comercio diario lleva tiempo. Debido a que usted tendrá que estar constantemente vigilando los movimientos del mercado, podría consumir un día entero. Si no tiene tiempo para dedicarse al proceso, es mejor que encuentre otras maneras de invertir su dinero.

4. ***Comience de a poco.*** No intente abordar demasiadas acciones a la vez. Cuando empiezas, necesitas sentir el mercado. Comience con una sola acción y cuando gane su confianza, auméntela a dos. Algunos incluso empiezan más pequeños que eso con la compra de acciones fraccionarias en lugar de una sola acción entera. Algunos corredores, como Stockpile, le permitirán comprar un pequeño porcentaje de una acción, para que pueda invertir en acciones de mayor precio sin poner en riesgo una gran cantidad de dinero.

5. ***Manténgase alejado de Penny Stocks.*** La tendencia de los recién llegados es buscar las acciones más baratas del mercado. Las acciones de Penny son aquellas que generalmente tienen un precio de $5 o menos por acción. En la superficie, esto parece una gran acción para empezar, pero las acciones de centavos son cuestionables en el mejor de los casos. Las posibilidades de obtener una ganancia inesperada de ellos son mínimas. La mayoría de las acciones que cotizan por debajo de 5 dólares por acción a menudo han caído a la lista de Penny Stock porque han sido excluidas de las principales bolsas de valores y ya están en problemas. A menos que usted vea señales muy claras de una inversión, su mejor apuesta es mantenerse alejado de estas ofertas aparentemente buenas.

6. ***El tiempo lo es todo.*** Aprenda el calendario del mercado para que sepa cuándo es el momento de entrar en él. Por ejemplo, muchos inversionistas pueden hacer un pedido durante la noche para el siguiente día hábil. Esto significa que tan pronto como el mercado se abra, esas órdenes se ejecutarán de manera que usted verá mucho movimiento durante las primeras horas de operación, pero eso no siempre es una imagen clara del movimiento del mercado. Por lo general, el medio día es el menos volátil, ya que la actividad aumenta a medida que se acerca la campana de cierre.

7. ***Aproveche las Órdenes de Límite.*** Las órdenes de mercado se colocan al mejor precio ofrecido en ese momento específico. No son necesariamente el mejor precio para usted. Las órdenes limitadas, sin embargo, garantizan que el orden solo se cumplirá al precio que usted fije. Si el precio que ha fijado no está disponible, la

orden no se ejecutará. Las órdenes limitadas le dan la oportunidad de hacer un pedido y saber exactamente el precio que pagará.

8. ***Sea realista.*** Nadie ganará todo el tiempo, pero eso no significa que no pueda obtener ganancias. Su objetivo es ganar más dinero del que pierde. Si usted mantiene sus límites dentro de un porcentaje establecido de su cuenta y planifica su entrada y salidas en consecuencia, entonces tiene una buena oportunidad de obtener más ganancias que pérdidas, pero tendrá que atenerse a su plan y seguir adelante con él.

9. ***Nunca pierdas la calma.*** Habrá esos días en los que no tendrás ni idea de lo que está haciendo el mercado. En esos días, mantenga sus emociones a raya. Siempre tome decisiones basadas en una lógica y un razonamiento claros, incluso si el mercado no tiene ningún sentido en este momento.

10. ***Nunca se desvíe de su plan.*** Cuando se trata de operaciones de día, las decisiones deben tomarse con rapidez. Eso puede ser muy difícil si no has hecho tu tarea. El precio podría catapultarse completamente fuera de su alcance mientras usted está tratando de entender las cosas. Por eso es tan importante hacer los deberes antes de entrar en el mercado, para saber el punto exacto de entrada y salida. Crear un plan de antemano y confiar en él como guía es el secreto para el éxito del comercio diario. No importa lo que digan los números, no les permitas que te atraigan a perseguir ganancias, sino que asegúrate de seguir el mantra del operador del día - *Planifica tu operación e intercambia tu plan.*

Tomar una decisión

Ahora que ha hecho una lista de las acciones que son ganadores potenciales, tiene que decidir cuál comprar. Un operador diurno normalmente tiene en cuenta tres factores:

- **Liquidez.** Cuando una acción es líquida, usted tiene espacio para entrar y salir a un buen precio. Busque márgenes estrechos entre la oferta y el precio de venta, o un precio bajo de deslizamiento. La diferencia entre lo que uno esperaría pagar por una acción y su precio real.

- **Volatilidad:** El rango de precios esperado dentro de un solo día de negociación. Cuanto más volátil sea el precio, mayor será la posibilidad de obtener ganancias (o pérdidas).

- **Volumen.** Cuántas veces se ha comprado y vendido una acción en particular dentro de un período de tiempo determinado. Cuando usted ve un aumento en el volumen de una acción, hay un mayor interés, y usted puede esperar algún tipo de salto en el precio.

Una vez que haya decidido qué acciones comprar y que su plan esté listo para entrar al mercado, usted necesita decidir cuándo vender. Idealmente, usted quiere desea vender cuando el precio alcanza su objetivo, pero ese no es el único momento en que puede salir.

- Scalping: vender tan pronto como se obtiene una ganancia.
- Desvanecimiento: vender después de que el precio haya subido rápidamente.
- Pivotes: venta al precio más alto del día.

- Momentum: venta después de comunicados de prensa o tendencias.

Si usted encuentra que el interés en las acciones está comenzando a disminuir, no debe dudar en venderlas. Debe prestar la misma atención a la salida de su negocio que la que presta para entrar en él. Recuerde, debe ser lo suficientemente específico como para saber cuándo ejecutarlo sin mucha deliberación.

Gráficos

Otra forma de determinar cuándo entrar en el mercado es leyendo los patrones de los gráficos. Los patrones de velas pueden ocupar un libro entero por sí solos. Proporcionan una gran variedad de formas de buscar un punto de entrada. Sin embargo, uno de los más comunes es el patrón de inversión doji.

1. Encuentre un pico de volumen, que muestre si los operadores están apoyando este nivel de precios.
2. Encuentre el soporte para ese precio. Puede ser el mínimo o el máximo del día anterior.
3. Encuentra la situación de nivel 2, que muestra todos los pedidos pendientes para esa acción.

Siguiendo estos pasos básicos, usted debería ser capaz de anticipar cuándo un precio se volverá y ofrecerá posiciones más favorables.

Órdenes Stop-Loss

Las órdenes de Stop-loss están destinadas a gestionar sus pérdidas. El pedido puede colocarse en una posición baja o por encima de un máximo reciente para venderlo automáticamente cuando el precio llegue a ese punto. Usar esto te protegerá de perderlo todo si el negocio no sale como quieres.

El Comercio diario es, en el mejor de los casos, complicado. No es algo en lo que puedas entrar a ciegas y esperar ganar. Se necesita habilidad, perspicacia y disciplina. Con el tiempo, con suficiente práctica y determinación, hay una gran probabilidad de que usted tenga éxito.

Capítulo 6: Inversión inmobiliaria

El sector inmobiliario abre una gran cantidad de oportunidades que uno puede aportar a una gran fortuna con las herramientas adecuadas. A diferencia de la inversión en el mercado de valores, los principios detrás de los bienes raíces son bastante sencillos. Pero eso no significa que será fácil cuando intentes ponerlos en acción.

Hay tres formas de ganar dinero con bienes raíces.

- Aumentar el valor de la propiedad
- Alquileres
- Invertir en negocios que dependen de bienes raíces

De hecho, las tres opciones mencionadas anteriormente son las formas más comunes de generar un ingreso pasivo agradable de la propiedad que usted posee. Al aprender solo unas cuantas estrategias básicas para implementarlas, usted podría estar bien encaminado hacia la libertad financiera.

Aumentar el valor de su propiedad

No importa lo que haga con su propiedad, las influencias externas pueden tener un impacto negativo en su valor. Cada década más o menos, parece haber ocasiones en las que se espera que la tasa de inflación se extienda más allá de la tasa de deuda a largo plazo en ese momento. Cuando eso sucede, usted encontrará más personas dispuestas a extenderse pidiendo dinero prestado para financiar la compra de una propiedad importante. Luego se sientan y esperan a que la tasa de inflación vuelva a subir. Cuando lo hace, pueden pagar su hipoteca con un valor más bajo en dólares.

La clave es cronometrar el mercado a la perfección. Usted necesita saber cómo mirar un proyecto, analizar su precio y tiempo, y decidir si será capaz de crear un buen ingreso que será suficiente para soportar una valoración más alta de lo que es actualmente evidente.

Hacer dinero de la propiedad de alquiler

Si bien la propiedad de alquiler no siempre es tan pasiva como parece, cobrar el alquiler es tan simple que cualquiera puede hacerlo. Si usted es propietario de cualquier tipo de propiedad, puede simplemente alquilarla a cualquier persona que desee utilizarla. Ni siquiera importa qué tipo de propiedad sea; podría ser una casa, un apartamento o una tierra de cultivo. El dinero que obtienes de su uso puede ser muy lucrativo.

Como propietario de la propiedad, será su responsabilidad asegurarse de que la propiedad se mantenga en condiciones utilizables. Esto significa que usted tendrá que estar siempre alerta en las reparaciones, supervisión y manejo de los aspectos negativos de los inquilinos indeseables. Usted tendrá que estar asegurado contra robo u otros peligros y ser proactivo sobre las posibles preocupaciones que puedan surgir en relación con su propiedad.

La buena noticia, sin embargo, es que, si usted es un propietario inteligente, hay maneras de manejar todas esas cosas y aun así obtener una ganancia ordenada. Hay herramientas que se han diseñado que pueden hacer la gestión de la propiedad mucho más fácil de lo que ha sido en años. Una de ellas es una relación financiera especial, la tasa de capitalización. Para entender esta tasa y cómo funciona, considere esta situación.

Si usted es dueño de una propiedad que está ganando $100,00/año y su precio está fijado en $1,000,000, usted podría aplicar esta fórmula dividiendo las ganancias por el valor de la casa para obtener la tasa de capitalización.

$100,000 / $1,000,000 = 0.1 o 10%.

Usted podría ganar inmediatamente el 10% de su inversión si elige pagar en efectivo por la compra.

Usted puede pensar en esto de la misma manera que piensa en las acciones. El valor de cualquier propiedad inmobiliaria se basa en el valor actual neto del efectivo que genera para el propietario y el flujo de caja que genera en relación con el precio pagado por su compra. En esencia, los ingresos por alquiler pueden convertirse en una cobertura para protegerlo durante los colapsos económicos y financieros.

Por supuesto, no todos los bienes raíces son iguales; algunos serán más adecuados para generar ingresos de alquiler mientras que otros no lo son. Cuando usted hace una compra al precio correcto, pero también en el momento adecuado, y puede encontrar el inquilino adecuado para llenar el espacio, no tiene por qué temer un colapso de bienes raíces. Usted estará recolectando un flujo constante de cheques de alquiler que lo llevarán a través del proceso. Sin embargo, si no lo planeas todo bien, podrías encontrarte cobrando alquileres que están muy por debajo del mercado y estar atascado en ese desagüe hasta que el mercado se recupere.

Invertir en negocios que dependen de los bienes raíces

Hay muchos negocios que dependen en gran medida de los bienes raíces. Muchos de ellos, como los hoteles, ofrecen servicios especiales al público. Otros propietarios proporcionan espacio de oficina para los negocios, y están los que pueden tomar un campo vacío y proporcionar aparcamientos útiles para los que conducen a la zona. Lavaderos de autos, máquinas expendedoras, agricultura, y más, la lista es interminable.

El truco para entrar en este mercado tan lucrativo es aprender lo suficiente para empezar, pero no tanto como para sentirse abrumado. La mayoría de los nuevos inversionistas aprenden a través de un proceso de prueba y error. En este proceso, suelen cometer errores costosos que pueden llevarlos a arrepentirse. Sin embargo, un plan que le ayudará a evitar tales errores y a encaminarse hacia un ingreso pasivo puede ahorrarle un mundo de tiempo y frustración.

Empiece a invertir paso a paso

Los pasos que se enumeran a continuación le ayudarán a dar sus primeros pasos en el mercado de bienes raíces. Una vez que esté seguro de que puede llevarlos a cabo, utilícelos como una lista de verificación para asegurarse de que no se pierda nada crucial que pueda costarle más adelante.

Identifique dónde se encuentra financieramente

El sector inmobiliario es probablemente la forma más rápida de alcanzar la independencia financiera. Por lo general, es la meta que todo el mundo se esfuerza por alcanzar. Es una de las mejores maneras de generar suficientes ingresos para mantenerte financieramente. Pero para llegar a ese punto, usted tiene que estar en una buena posición financiera; necesita suficientes ahorros para empezar a rodar la bola.

Si después de analizar su situación financiera, todavía no está allí, hay cosas que puede hacer para llegar más rápido.

Hay cinco etapas fundamentales de riqueza:

Etapa 1: Estado de Supervivencia - donde usted está ganando suficiente dinero para sobrevivir. Esta es la etapa en la que usted comienza a pagar sus deudas y obtener alivio de sus cargas financieras.

Etapa 2: Estado de estabilidad - sus finanzas no están empeorando y usted está logrando pagar sus cuentas, y lo poco que le queda puede empezar a ahorrar.

Etapa 3: Estado de ahorro - usted puede pagar todas sus cuentas y tener un poco de dinero sobrante para construir un pequeño nido de ahorros.

Etapa 4: Estado de crecimiento - En este punto, sus ahorros se están convirtiendo en una suma ordenada que usted puede considerar seriamente invertir. Sus ahorros ahora deberían estar generando suficiente interés para que valga la pena notarlo. Si está reinvirtiendo esas ganancias, está empezando a conseguir que su dinero trabaje para usted.

Etapa 5: Ingresos - ahora está en una posición en la que el dinero que ha reservado puede generar ingresos para usted.

Es importante que entienda su situación financiera. Algunas estrategias inmobiliarias que discutiremos más adelante serán más apropiadas para ciertas etapas que para otras.

Elija su estrategia de inversión

Si bien la inversión inmobiliaria es bastante simple, aún necesita un plan de negocios. No tiene que ser detallado, pero usted necesita tener una idea clara de lo que va a hacer. Elija una sola estrategia que le ayudará a pasar de la etapa con la que está comenzando al siguiente nivel. Asegúrese de incorporar algo de flexibilidad en su plan para que no se vea desbaratado por eventos inesperados. Aquí están algunas ideas para empezar.

- Arrendar una casa grande y subalquilar habitaciones a los inquilinos para cubrir sus gastos.
- Ofrezca encontrar buenas ofertas para otros inversionistas inmobiliarios por una tarifa
- Ayude a los compradores a encontrar propiedades para invertir, aprendiendo los entresijos de los bienes raíces en el proceso.
- Ayude a los propietarios a encontrar buenos inquilinos para sus espacios vacíos.
- Conviértase en un administrador/superintendente de edificios para otros inversionistas de bienes raíces

Estas estrategias funcionan bien para aquellos que se encuentran en el **estado de supervivencia o estabilidad**. Cualquiera de estas estrategias le permitirá generar ingresos adicionales sin tener que desembolsar una gran suma de dinero en el proceso. Al mismo tiempo, aprenderá todo sobre la industria sin tener que dedicar más tiempo a tomar clases o estudiar las últimas pólizas. Será como si me pagaran por aprender.

Comience a reducir sus gastos

Si se encuentra en la etapa de **ahorro**, puede hacer todas las cosas en las etapas anteriores, pero también puede agregar algunos pasos más al proceso. Por un lado, usted debe comenzar a reducir los gastos de su hogar.

- Use los ingresos adicionales para pagar su hipoteca para que pueda eliminar su pago mensual.

- Cambie tu casa mientras vives en ella. Cuando lo vende, usted crea ahorros libres de impuestos que puede usar para invertir en otras propiedades.

- Compre una casa que necesite reparaciones significativas, múdate mientras la arregla y luego réntela a un precio más alto más tarde.

- Conviértase en un mayorista de bienes raíces, que básicamente cobra una comisión por hacer coincidir el trato con el inversor adecuado. Esto funciona muy bien para aquellos que pueden estar interesados en voltear una casa en malas condiciones o que planean usarla para alguna otra compra rentable. Los propietarios de viviendas que están en peligro de ejecución hipotecaria son más propensos a ser favorables a tal acuerdo porque les permite salir de la situación sin tener que perderlo todo.

Si usted está en la etapa de **crecimiento**, está listo para hacer crecer su patrimonio neto en algo mucho más grande. Este es el escenario perfecto para saltar a los bienes raíces. Hay varias maneras de hacerlo:

- Invertir casas: esto le permite generar grandes sumas de efectivo para reinvertir en otras ganancias.

- Use sus ahorros para pagar todo el dinero en efectivo por la propiedad.

- Pida prestado de varias propiedades diferentes que ya posee y luego pague rápidamente una a la vez.

- Compre tres propiedades, pero venda o alquile dos. El dinero del alquiler puede pagar sus gastos de manutención el día 3.

- Haga un intercambio de propiedades. Bajo el intercambio de propiedades libre de impuestos del IRS, usted puede usar el Formulario 1031 para posponer el pago de impuestos sobre cualquier propiedad que usted venda si puede reemplazarla con una propiedad similar. Hace posible que usted empiece de a poco y luego haga crecer su portafolio sin tener que enfrentar el impacto negativo de pagar impuestos federales con cada propiedad que compre. El proceso se vería así:

    o Usted necesita suficiente dinero en efectivo para el pago inicial y los costos de cierre.
    o Comprar una propiedad de alquiler básica
    o Alquilar la propiedad y ahorrar una parte del alquiler durante unos años
    o Vender la propiedad
    o Use el formulario 1031 para comprar otra propiedad más grande con un descuento
    o Repetir

Use su cuenta de jubilación para comprar una propiedad en alquiler

Al utilizar sus cuentas de jubilación libres de impuestos para invertir en bienes raíces, usted puede obtener muchos más ingresos para invertir y evitar el pago de fuertes impuestos por su compra. Las cuentas autodirigidas como IRAs, ROTH IRAs, 401Ks le permiten invertir esos fondos en bienes raíces y diferir los impuestos sobre la renta que de otra manera habría pagado.

Maximice sus ingresos utilizando el capital existente en sus inversiones

Si ya está en la etapa de ingresos, puede maximizar los ingresos que está generando mediante la venta de propiedades de baja calidad y la compra de propiedades mejores. Usted podría refinanciar cualquiera de sus deudas existentes y cambiarlas por préstamos fijos de bajo interés y ahorrar aún más dinero.

Estas son solo algunas sugerencias para las estrategias de inversión en bienes raíces. Probablemente uno de ellos sea más atractivo para ti que otros. Tal vez usted tiene ideas propias que le gustaría considerar. El punto principal es que usted tiene que empezar con un plan viable y viable para tener éxito en bienes raíces.

Cómo seleccionar un mercado objetivo

Su próximo paso sería elegir un mercado objetivo. Cualquier mercado que elija tendrá un impacto directo en el tipo de efectivo que puede generar. La mayoría de las personas prefieren elegir un mercado que esté cerca de su hogar. Es más eficiente y menos estresante que invertir en propiedades que están fuera de su alcance físico.

Esto no significa que no pueda invertir en propiedades lejanas; definitivamente es posible, pero necesita sopesar los costos. Cualquiera que sea el mercado que elija, debe evaluar el potencial cuidadosamente.

También necesita hacer un buen análisis de mercado del área que le interesa. Estudiar la región en cuanto a oportunidades de empleo, precios de alquiler y crecimiento potencial de la población. Revise el área para lo siguiente:

- ¿Es conveniente el área?
- Peatonal
- Crimen
- Escuelas
- Transporte público
- Leyes locales
- Impuestos
- HOA
- Etc.

Con los criterios anteriores, usted puede determinar si será capaz de trabajar con su mercado objetivo o si necesita encontrar otro lugar. Comience su examen con el área metropolitana más grande y luego reduzca gradualmente la investigación a áreas más pequeñas para determinar la mejor ubicación.

1. *Identifique sus criterios para las inversiones inmobiliarias*

Determine lo que usted piensa que es una buena inversión. Escriba usted mismo un perfil de inversión que pueda mostrar a otros. Esto podría ser usado para generar posibles pistas de propiedades que usted quiera buscar. Esta lista podría incluir ubicaciones de propiedades, precios o un nicho específico.

Su perfil también debe tener una proyección de la cantidad de alquiler que puede cobrar por una propiedad. Puede que quieras empezar con una propiedad básica para mojarte los pies. Elige algo en lo que puedas vivir por el momento y luego crece a partir de ahí.

Usted puede encontrar la mejor tierra, la casa más perfecta, al precio ideal, pero si está en un lugar pobre, es posible que no pueda revenderla/alquilarla o, si lo hace, que no pueda obtener mucho beneficio de ella.

Cuando encuentre lo que está buscando, aunque todo parezca correcto, investigue un poco y revise los listados cercanos en el área. Usted obtendrá una imagen bastante buena de lo que las propiedades similares se están vendiendo para que pueda hacer proyecciones precisas acerca de sus beneficios potenciales.

Incluso si usted sabe que está comprando una reparación, es importante que inspeccione la propiedad. No dude en hacer preguntas. Usted necesita saber cuánto va a necesitar para poner en la propiedad y aun así poder obtener una ganancia.

Por último, asegúrese de que existe una buena posibilidad de obtener beneficios antes de tomar medidas. No olvide calcular la tasa de interés de la hipoteca, los servicios públicos, los impuestos, el seguro, las reparaciones y el mantenimiento. Todo esto influirá en el éxito de su primera inversión.

No importa lo que hagas, si el trato no te parece correcto, no tengas miedo de irte. Aguantar las mejores ofertas va a ser uno de sus mejores secretos para el éxito.

2. *Ponga en marcha su sistema de apoyo*

Los bienes raíces se disfrutan mejor con otros. Si bien usted puede ser el único inversionista en un proyecto, aún necesitará un equipo de expertos a quien recurrir. Los contratistas, diseñadores, agentes inmobiliarios y asesores podrían ser solo el comienzo de su lista. Un buen equipo podría estar listo para tomar el relevo cuando ingresa a un área donde le falta conocimiento y experiencia.

3. *Configure sus opciones de financiamiento*

Dependiendo de su calificación crediticia y su situación financiera, sus opciones pueden variar. Aquí hay algunos recursos que puede aprovechar.

- Administración Federal de Vivienda
- Administración de Veteranos
- Préstamos de conformidad (Fannie Mae/Freddie Mac)
- Préstamos bancarios
- Préstamos de una gran cantidad de dinero
- Prestamistas privados
- Financiación del vendedor

Puede ser difícil elegir el prestamista adecuado, pero aquí es donde usted puede recurrir a los consejos de su equipo.

4. Prepare su pago inicial y los costos de cierre

Mientras que usted puede lanzar su nuevo negocio con el dinero de otras personas, usted necesita tener algo de dinero propio para invertir. En la mayoría de los casos, se requiere un pago inicial para que la pelota empiece a rodar. Algunos pagos iniciales pueden ser tan pequeños como el 3% del precio de compra. Los costos de cierre también pueden variar. Incluso en las mejores ofertas, usted puede necesitar hasta $20,000 de su propio dinero en efectivo.

5. Comience a buscar ofertas

Encontrar la propiedad correcta requiere mucho trabajo. Los buenos negocios no solo encontrarán misteriosamente su camino hacia usted, usted va a tener que empezar a mirar debajo de cada roca y a mirar en cada rincón y grieta antes de encontrar la propiedad que usted sabe que es la correcta.

Su presupuesto de marketing puede ser lanzado con prácticamente nada, pero si usted tiene algo de dinero para invertirlo, el proceso se vuelve mucho más fácil. Aquí están algunas ideas que han demostrado ser eficaces campañas de marketing.

- o *Campaña gratuita:* Encuentre un agente que esté de acuerdo en enviarle clientes potenciales basándose en su lista de expectativas.

- o *Referencias y redes:* Por un poco de dinero extra, puede hacer que le impriman tarjetas de visita o volantes con sus necesidades para que la gente pueda ponerse en contacto con usted cuando encuentre algo.

- **Conduzca o camine:** Acostúmbrese a visitar su vecindario objetivo en busca de posibles ofertas. Los letreros de Venta por Dueño pueden ser muy prometedores, pero también puede buscar casas que han estado vacías por mucho tiempo, que parecen necesitar reparación, o incluso que tienen letreros de alquiler publicados.

- **Mayoristas:** Deje que los mayoristas de bienes raíces encuentren las ofertas por usted. Contacte con algunos de ellos y obtenga su lista de posibles propiedades.

Si tiene un poco de dinero extra para gastar:

- **Inicie una campaña de correo directo:** Cree sus propias cartas o postales para enviar a los propietarios en su mercado objetivo. Usted puede encontrar los nombres y direcciones pagando a una compañía de la lista. Algunas de estas listas pueden ser muy lucrativas:

    - Propiedades de propietarios ausentes
    - Propietarios de unidades múltiples
    - Viviendas ocupadas por sus propietarios
    - Desalojos recientes
    - Impuestos morosos sobre la propiedad
    - Listados de bienes raíces vencidos
    - Propiedades de pre-ejecución hipotecaria y ejecución hipotecaria
    - Venta de bienes y sucesiones

- **Utilice su presencia en línea:** Utilice los medios sociales. Configure una página dedicada a sus planes de marketing inmobiliario en sitios como Facebook, LinkedIn, Twitter, etc. Crea una tarjeta de visita en línea para que la gente sepa lo que estás buscando.

- **Señalización de carros y patios:** Invierta en letreros magnéticos o de vinilo para su automóvil o jardín.

- **Publicidad:** La publicidad en línea o impresa puede llegar a áreas que son difíciles de alcanzar por su cuenta. Utilice recursos como Google Adwords y no descuide el marketing en periódicos, revistas y radio locales. Estos esfuerzos son un poco costosos, pero con la estrategia correcta, pueden obtener buenos resultados rápidamente.

6. Haga un horario

Necesitará reservar tiempo para dedicarse a su compañía inmobiliaria. Sea realista con el tiempo que tiene para pasar. Establezca sus prioridades primero y luego comprométase con el horario que ha establecido.

10 características importantes de los bienes raíces rentables

Para garantizar que la propiedad que elija sea rentable, debe tener ciertas características. Incluso si se trata de un pecio y parece estar listo para la demolición, todavía hay ciertas cosas de las que debe estar seguro antes de que su inversión valga la pena. Aquí están las 10 características más importantes que cualquier propiedad debe tener.

Un buen vecindario

Una mirada al vecindario puede decirle mucho sobre el tipo de inquilinos que usted atraerá. Una ubicación cerca de una universidad atraerá a muchos estudiantes. Un lugar fuera del área urbana puede atraer a más familias con niños.

Impuestos sobre la propiedad

Todas las propiedades tienen impuestos que deben ser pagados. Usted necesita saber cuánto son y si los propietarios deben algún impuesto atrasado. Usted puede averiguar todo lo que necesita saber sobre los impuestos con una visita a la oficina de evaluación del condado o de la ciudad.

Sistema Escolar

Si va a alquilar a familias, necesitará saber algo sobre las escuelas en la comunidad. Pocas familias están dispuestas a comprar o alquilar una casa en una comunidad con escuelas deficientes.

Crimen

Consulte con el departamento de policía local o visite la biblioteca local para ver las últimas estadísticas de delitos en el vecindario. Preste especial atención a las cifras relacionadas con delitos menores, vandalismo y delincuentes graves.

Oportunidades de trabajo

Su mejor apuesta es encontrar propiedades en comunidades que están expandiendo su mercado laboral. Es más probable que atraigan a compradores e inquilinos a la zona. Averigüe sobre las disponibilidades de trabajo con la Oficina de Estadísticas Laborales de los Estados Unidos. Puede ser una gran ventaja si las grandes corporaciones se mudan a la zona. Este tipo de noticias a menudo resulta en el aumento del valor de las propiedades, ya que se necesitará más gente para ocupar esos nuevos puestos de trabajo.

Servicios del vecindario

¿Qué tiene que ofrecer el vecindario? Para los niños, debe haber parques, patios de recreo, cines, etc. Para los adultos, debe haber gimnasios, transporte público, restaurantes y otros lugares de entretenimiento.

Perspectivas para el futuro

El departamento de urbanismo debe tener información sobre las novedades que se propongan para la zona. Mucha construcción es una buena señal de que el futuro es prometedor. Sin embargo, esté atento a la forma en que esos desarrollos impactarían el valor de las propiedades.

Vacantes

Cuando hay muchas casas en alquiler o un número excesivo de propiedades en venta, podría ser una señal de que el área está en declive. A menudo, cuando los vecindarios están en declive, los propietarios se ven obligados a reducir los alquileres para mantener sus unidades ocupadas. Por otro lado, cuando solo hay unas pocas vacantes en la zona, se puede solicitar cómodamente más alquiler.

Renta promedio

Si usted está planeando alquilar, entonces usted necesita saber cuánto puede esperar obtener por una propiedad en el área. Usted quiere asegurarse de que el alquiler sea suficiente para cubrir los pagos de la hipoteca, los impuestos sobre la propiedad, el mantenimiento y otras formas de mantenimiento. Proyecte estos números en el futuro porque lo que puede ser asequible hoy, podría ser marcado fuera de su alcance en cinco años, lo que puede obligarlo a vender en un mercado desfavorable o a declararse en bancarrota más tarde.

Exposición a Desastres Naturales

No es algo en lo que la mayoría de la gente quiera pensar, pero la exposición a los desastres naturales puede tener un impacto negativo en sus ganancias potenciales. Ya sea que su casa esté en una zona de inundación, en una región de huracanes o en un área propensa a terremotos, le va a costar ya sea en reclamos de seguro o en reparaciones directas.

El mejor lugar para obtener información confiable es a través de las agencias gubernamentales, pero no se detenga ahí. La gente de la comunidad por lo general sabe todo lo que está pasando en el vecindario. Hable con los inquilinos y los propietarios por igual. Es más probable que los inquilinos le den una mejor imagen, ya que no tienen nada que perder. Ellos le dirán sobre cualquier cosa negativa que usted no haya pensado, pero los dueños de propiedades tendrán una perspectiva completamente diferente. Si tiene en cuenta estas características y sus expectativas son realistas, sabrá cuándo ha encontrado la propiedad adecuada.

Las 15 mejores estrategias de inversión inmobiliaria

Las estrategias que se enumeran a continuación tienen la intención de darle una idea de las diversas maneras en que usted puede generar sus propios ingresos.

- **Casas sin arreglar:** Encontrar propiedades que necesitan ser mejoradas, mejoradas o renovadas y luego revenderlas con fines de lucro.

- **Venta al por mayor:** Encontrar buenas ofertas en propiedades y luego revenderlas a un tercero por un cargo adicional.

- **Casas para alquilar:** Compre una propiedad de varias unidades y alquile las unidades adicionales. Por ejemplo, comprar una casa y alquilar el sótano, o comprar un dúplex y alquilar la unidad extra.

- **Inversión CRRRRRR:** Comprar-Remodelar-Renovar-Refinar-Repetir. Compre un reparador por debajo del valor de mercado, financie la propiedad y luego renueve. Refinancie con una hipoteca a largo plazo y luego saque su capital inicial para una nueva inversión.

- **La estrategia de alquiler de dinero en efectivo:** Compra de propiedades en efectivo. Cuando haya completado las renovaciones y lo haya alquilado, se quedará con la mayor parte del dinero recaudado y podrá invertir rápidamente en otra propiedad.

- **El plan de intercambio:** Usando el IRS 1031 libre de impuestos para comerciar progresivamente con propiedades más grandes y mejores.

- **Préstamos de una gran cantidad de dinero:** Otorgar préstamos a corto plazo a inversionistas que planean arreglar y voltear propiedades. Los préstamos como estos se dan generalmente con altas tasas de interés y cargos por adelantado, así que usted ganará una buena cantidad de dinero en efectivo en poco tiempo.

- **Inversión de Pagarés con Descuento:** Comprar deuda inmobiliaria con descuento.

- **Sindicaciones y Crowdfunding:** Poner en común su dinero con los inversionistas individuales para comprar la propiedad perfecta.

- **REIT:** Invertir en compañías que gestionan bienes inmuebles. REIT significa fideicomisos de inversión inmobiliaria. Usted puede comprar REITs en el mercado de valores, lo que le permite poseer una pequeña parte de los negocios de bienes raíces comerciales y ganar dividendos sobre las ganancias en el ínterin.

Los bienes raíces pueden ser un negocio bastante lucrativo, pero hay que ser inteligente al respecto. Hay muchas maneras de lograr la libertad financiera a través de los bienes raíces, y cada uno tiene sus propias ventajas y desventajas. Puede elegir una estrategia que funcione mejor para usted o hacer varias a la vez. Si uno no funciona bien para ti, entonces prueba otro hasta que encuentre su pareja perfecta.

Capítulo 7: Otras maneras de aumentar la riqueza

El camino hacia la libertad financiera puede llevarlo en muchas direcciones. La inversión en el mercado de valores y en bienes raíces son los puntos de entrada más conocidos para los nuevos inversionistas. Ofrecen la cantidad más baja de riesgo en el mundo de la inversión y le dan una mejor oportunidad de éxito en el mercado global.

Dicho esto, una vez que se haya mojado los pies y haya adquirido el gusto por el dinero pasivo, es posible que desee comenzar a invertir en otros instrumentos que podrían resultar aún más lucrativos para el inversor privado.

Cómo comenzar a invertir en fondos cotizados en bolsa (ETF)

Probablemente haya oído mencionar el término ETF en los informes financieros de las noticias y puede que no esté seguro de lo que realmente es. Usted sabe que tiene algo que ver con el mercado de valores, pero no está exactamente seguro de lo que hacen.

Los ETF o Fondos cotizados en bolsa son grupos de varias inversiones que se han reunido para formar una sola unidad. Estos fondos se pueden comprar en una bolsa al igual que las acciones con movimientos de precios similares.

Dentro de un ETF, usted encontrará muchos activos diferentes en lugar de una acción que solo será representativa de un solo activo. Debido a que una acción de un ETF cubre tantos activos, es una de las formas más fáciles de diversificar su cartera. Un ETF podría tener miles de acciones diferentes repartidas en varios sectores diferentes.

Dependiendo de las industrias en las que esté interesado, puede comprar diferentes tipos de ETFs

- Los ETF de bonos consisten en bonos gubernamentales, corporativos, estatales y municipales.
- Los ETF de la industria pueden ser compilados a partir de acciones de una industria específica como la banca, la agricultura o la tecnología.
- Los ETF de materias primas serían una colección de diferentes materias primas como el oro o el petróleo.
- Los ETF de divisas incluyen una selección de monedas extranjeras
- Los ETF inversos utilizan la estrategia de cortocircuitar varias acciones. La venta en corto es la estrategia de vender a un precio más alto y luego volver a comprarlos después de que el precio descienda.

El único en la lista, los ETF inversos, técnicamente no son fondos negociados en bolsa, sino que en realidad son notas negociadas en bolsa o ETN. Son bonos que se negocian en el mercado como una acción y que son depositados por un banco.

Compra y venta de ETF

Usted puede comprar ETF a través de un corredor. Usted tiene la opción de usar un broker-dealer tradicional o un broker en línea. También puede utilizar un robo-asesor, un sistema de inversión automatizado que utiliza ciertos algoritmos para ayudarle a crear su cartera.

Ventajas de los ETF

Como inversor, puede comprar o vender una amplia gama de estos valores con una sola transacción. Esto también le ahorra comisiones. Incluso puede encontrar algunos corredores que ofrecen operaciones sin comisiones en ETF, reduciendo aún más sus costes.

Además de ahorrar en comisiones, hay otras formas en que los ETF pueden ahorrarle dinero. Su funcionamiento y gestión son muy económicos. Debido a que están rastreando un índice, se maneja de manera más pasiva y requiere mucho menos tiempo para gobernar, y dado que están ampliamente diversificados, su nivel de riesgo es mucho menor.

Desventajas de los ETF

Hay algunos ETF que tienen comisiones más altas. Estos son los que generalmente se centran en una sola industria, por lo que su diversificación es extremadamente limitada. También hay algunos ETF que son gestionados activamente por gestores de carteras que se encargan de todas las operaciones de compra y venta. Éstos vienen con comisiones más altas para pagar las comisiones del gestor por la supervisión de los movimientos del fondo.

ETF sobre acciones indexadas

Estos fondos ofrecen a los inversionistas la opción de vender en corto, comprar con margen y adquirir tan solo una acción. Si decide invertir en ETF sobre acciones indexadas, esté atento a aquellos que puedan estar fuertemente concentrados en una sola industria o en un número limitado de acciones.

Dividendos: La mayoría de los ETF pagan dividendos en proporción a su inversión. Como resultado, puede esperar recibir pagos periódicos por las ganancias de los diferentes valores durante el tiempo que tenga el fondo. Si por alguna razón, el fondo se liquida, recibirá su parte de su valor residual.

Impuestos

También podrá ahorrar, ya que estos instrumentos son más eficientes desde el punto de vista fiscal que los fondos mutuos. Debido a que todas las operaciones se realizan a través de una bolsa de valores, no hay necesidad de redimir físicamente las acciones cada vez que se completa una transacción. Dado que el rescate de acciones puede desencadenar responsabilidades fiscales, la realización de todas las transacciones en el mercado de valores evita que se vea afectado por los impuestos cada vez que se produce una transacción.

Impacto en el mercado

Debido a la creciente popularidad de los ETF, se están creando más fondos. Esto puede no ser una buena noticia para algunos inversionistas, ya que significa menores volúmenes de negociación para muchos de ellos. A medida que más fondos entran en el mercado, puede ser más difícil comprar y vender a volúmenes tan bajos, lo que podría dejarlo atrapado en un instrumento sin salida.

Si decide invertir en ETF, asegúrese de seleccionar uno que pueda ayudarle a alcanzar sus objetivos. Usted debe sentirse seguro de que el fondo que elija le dará el tipo de exposición que necesita para aumentar sus ganancias. Asegúrese de que está tomando su decisión basándose en lo que funciona para usted y no en lo que otros esperan.

Comience a ganar dinero ahora con los préstamos de igual a igual

Otra forma de aumentar su riqueza y obtener libertad financiera es con préstamos de igual a igual. En el pasado, la única manera de obtener un préstamo para una compra importante era a través de una institución financiera. Ahora, usted puede convertirse en su propia institución de préstamos y cobrar intereses sobre el dinero que presta a otros. La mayoría de los préstamos entre iguales se utilizan por razones personales, como la consolidación de deudas o las mejoras de la vivienda.

Cómo funciona

Hacer un préstamo con préstamos de igual a igual es muy diferente de cómo se hacen con las instituciones financieras. Con un préstamo tradicional, el banco financiará el préstamo con fondos depositados de otros clientes. Por el contrario, los préstamos de par a par implican el emparejamiento de prestatarios e inversionistas a través de una plataforma de préstamos en línea. Como inversionista, usted decide qué préstamos quiere emitir y es libre de rechazar aquellos que no le interesan.

Hay varias plataformas de préstamos con las que puede trabajar. Algunos tienen restricciones sobre el tipo de personas que permiten hacer préstamos, pero hay algunos como LendingClub.com y Prosper.com que están abiertos a cualquier persona que quiera participar, siempre y cuando cumplan con los requisitos mínimos de depósito.

Los ingresos son generados por el cobro de intereses y cargos a los prestatarios. Algunos cargos, incluyendo cargos por originación, cargos por pago atrasado y otros, pueden llegar a ser de hasta el 6% del préstamo. Las tarifas y los intereses varían dependiendo de la plataforma que utilice, pero esté preparado para ver cómo se evapora parte de ese dinero cuando se reciben los pagos. La plataforma de préstamos le descontará un porcentaje de cada pago que haga por sí mismo antes de enviarle el saldo.

¿Por qué préstamos de igual a igual?

Para el inversionista, usted recibirá un mayor rendimiento de su dinero que si lo dejara en una cuenta de ahorros. Es una alternativa fácil de invertir que las acciones y los bonos. No se necesitan muchos conocimientos para empezar. Usted es literalmente libre de diversificar su cartera en cualquier dirección que desee. Y luego está la ventaja psicológica de saber que estás haciendo algo para contribuir al avance de la sociedad de muchas maneras diferentes.

Desventajas

A diferencia de las instituciones financieras, su dinero no está protegido por la FDIC. Por lo tanto, si un prestatario incumple con un préstamo, las posibilidades de recuperar su inversión son escasas o nulas. Además, no podrá cobrar su inversión si necesita que le devuelvan el dinero antes de que venza el préstamo. El plazo promedio de un préstamo oscila entre tres y cinco años, lo que le deja sin acceso a sus fondos durante al menos ese tiempo.

Debido a que se trata de un instrumento de inversión tan nuevo, no hay antecedentes ni historia a los que referirse. Cada día se establecen nuevas tendencias, por lo que no hay forma de saber si la industria seguirá siendo estable o no.

Es posible lograr grandes retornos (a veces de dos dígitos) con este tipo de préstamos, pero no permita que esas cifras lo distraigan de la realidad. Es una herramienta de inversión arriesgada, y siempre debe proceder con cautela.

Las 10 mejores estrategias para operar con criptomonedas

Lo más probable es que haya estado viviendo bajo una roca si aún no ha oído hablar de las criptomonedas. Esta nueva herramienta de inversión es considerada por muchos como el medio más prometedor para obtener cantidades masivas de dinero de manera extremadamente rápida. Hoy en día, hay probablemente cerca de 2.000 altcoins para elegir, y el número sigue creciendo.

Bitcoin, la primera y con mucho la más rentable de las criptomonedas, se ha introducido en la conciencia del mundo con una enorme subida de precios que pasó de un valor de centavos cuando se publicó por primera vez a su punto más alto de casi 20.000 dólares en diciembre de 2017. Pero con tantas opciones para elegir, un nuevo inversionista podría fácilmente sentirse abrumado.

Si bien las criptomonedas son probablemente las herramientas de inversión más riesgosas, no tiene por qué ser tan complicado. Si usted es lo suficientemente valiente como para arriesgarse a los movimientos de precios altamente volátiles y cree que su corazón puede aguantar las ondulaciones de las olas, aquí hay siete estrategias que pueden ayudarle a entrar en este mercado potencialmente lucrativo.

OCI

Las OIC u Ofertas Públicas Iniciales pueden ser muy impredecibles porque, al igual que las OPI del mercado de valores, se trata de monedas nuevas que apenas están empezando. Cuando usted compra un ICO, está literalmente entrando al principio de una nueva moneda. Esto significa que usted va a conseguir la moneda a un precio mucho más bajo de lo que será cuando sea lanzada al público. Esto lo pone automáticamente en línea para obtener mayores ganancias, a veces hasta un 2500% de su inversión inicial. Sin embargo, debido a que es una moneda completamente nueva, también existe un alto riesgo de que fracase y se lleve todo su dinero con ella. Debido a que no hay protección de seguro para los inversionistas de cryptocurrency, usted necesita hacer una gran cantidad de investigación para asegurarse de que el equipo detrás de la moneda tiene la experiencia suficiente para traer a su nuevo bebé a la vida.

- Comience revisando la lista de nuevas OCI en https://icoranker.com/ y revise las que le interesen.

- Busque el propósito de la moneda para determinar su oferta y demanda. Las monedas que están diseñadas para una población limitada pueden no funcionar bien, pero las monedas que tienen el potencial de ser útiles para una población grande pueden funcionar mucho mejor.

- Una vez que haya reducido su lista a varias opciones viables, estudie a los miembros del equipo. Quieres conocer su historia, sus antecedentes, su experiencia, y si pueden trabajar juntos para satisfacer las demandas de la misión.

- Trate de investigar un poco más para averiguar qué tipo de personas ya están invirtiendo en la moneda. Si tienen una buena comunidad de inversionistas que son optimistas acerca de sus perspectivas de futuro, entonces usted sabe que apoyarán la moneda y se quedarán con ella durante los tiempos de vacas flacas. Puede encontrar esta información visitando los distintos foros creados para cada moneda.

- ¿Cuál es el marco legal entre el equipo de desarrollo y otros colaboradores? Esta información se encuentra en el Libro Blanco de la moneda. Los términos y condiciones de la moneda deben presentarse en un formato claro y fácil de entender.

- Visite el sitio web y configure una cartera en custodia. Se le entregará una clave privada que podrá utilizar para vender sus ICO más adelante.

Si decide invertir en ICO, no se limite a uno solo. Es fácil para ellos fracasar, así que invierta en varios para aumentar sus posibilidades de éxito.

La mejor estrategia para las OCI es la estrategia de compra y retención. El precio fluctuará mucho, así que no entres en pánico. Guarde sus monedas hasta que vea por lo menos un 50% de retorno de su inversión antes de venderlas.

Acumulación de precios bajos

Después de que una moneda pasa la etapa de ICO, se une a los grandes en el mercado global. Al igual que con las acciones, usted quiere comprar las monedas cuando el precio es bajo y esperar a que suba en el precio. La mayoría de la gente entrará en pánico cuando el precio tome una caída significativa, pero los inversionistas experimentados en criptomonedas entienden que la volatilidad extrema es una característica de este tipo de inversión.

Innovaciones

Al aprovechar las innovaciones, puede reducir sus riesgos, pero debe reconocer cuándo estas innovaciones indican el inicio de una nueva tendencia. La clave de esta estrategia es encontrar el mejor momento para entrar en el mercado identificando las áreas de resistencia o apoyo que podrían romperse en las condiciones adecuadas. En estos escenarios, la moneda puede romper la resistencia hacia arriba o puede romper el soporte y empujar hacia abajo.

Promedio de costos en dólares

El promedio de costo en dólares le permite invertir una cantidad preestablecida de fondos en forma regular en cada moneda que desee comprar. Como resultado, en lugar de encontrar el precio más bajo o el más alto ya no es importante. En esencia, usted está promediando el costo total de sus monedas con cada pago. Si se realiza durante un período de meses, los precios generalmente son mucho más favorables que si realizara un solo pago grande.

Equilibrio

Un elemento clave en cualquier tipo de inversión es la diversificación. Para diversificar con éxito, necesita equilibrar su cartera. Esto significa invertir en varias criptomonedas diferentes al mismo tiempo. Cuando una moneda entra en una caída, todavía puedes estar ganando ganancias con otras monedas.

Desequilibrio

Con una estrategia desequilibrada, los inversionistas asignan un porcentaje fijo de sus fondos a las monedas en función de sus instintos acerca de lo bien que esperan que funcionen en el futuro. Las monedas que se espera que tengan un buen rendimiento reciben los porcentajes más altos, mientras que las que no se espera que tengan un buen rendimiento recibirán un porcentaje más bajo.

Ganancias obtenidas reinvertidas en otras monedas

Una vez que haya ganado un poco de dinero con algunas criptomonedas, puede empezar a diversificar aún más su cartera desviando algunas de sus ganancias e invirtiéndolas en nuevas monedas. Al retirar el 50% de sus ganancias de una moneda e invertirlo en monedas más exitosas, puede agravar su éxito.

7 aplicaciones imprescindibles para los inversionistas de hoy en día

Empezar a invertir en cualquier tipo de inversión puede ser complicado, incluso más para el nuevo inversor. Una manera de hacer las cosas más fáciles es contar con un poco de ayuda mientras navega por todos los peligros potenciales que enfrentará a medida que aprende.

En el pasado, este tipo de ayuda solo estaba disponible para los privilegiados. Ahora, cualquiera puede tener la información disponible para capitalizar su crecimiento. Con las aplicaciones adecuadas para guiarle, cualquiera puede tomar decisiones como un trader profesional. A continuación, se presentan siete de las aplicaciones más efectivas que todos los inversionistas deben tener a su disposición.

Stash

La aplicación Stash mobile es la aplicación de referencia para los inversionistas que buscan acceder a las mejores herramientas para el mercado financiero. Le permite comprar ETF y acciones de bajo coste directamente desde su dispositivo móvil.

El costo es de solo $1/mes, pero por ese bajo precio, usted obtiene su propia cuenta de inversión y se le permite hacer operaciones ilimitadas, educación gratuita y la capacidad de hacer compras fraccionadas de acciones más caras con pagos tan bajos como $5.

Vault

La aplicación Vault se centra en los inversionistas de más edad que están listos para jubilarse. Les permite abrir una cuenta de jubilación individual (IRA), una Roth IRA o una SEP IRA para aquellos que trabajan por cuenta propia. Los inversionistas pueden dirigir automáticamente una parte preestablecida de sus ingresos hacia el plan que elijan. Por lo tanto, incluso si usted no tiene un plan de jubilación con su compañía, puede comenzar a invertir por una baja cuota mensual de $1.

Personal Capital

Esta aplicación le ofrece actualizaciones periódicas y realiza un seguimiento de todas las inversiones de su cartera. Le ofrece una evaluación periódica del rendimiento de sus inversiones y sugerencias sobre la gestión de riesgos. Incluso es posible comprobar rápidamente para qué acciones está haciendo lo mejor en su cartera y cuáles necesita para hacer ajustes. Personal Capital también le ofrece una comparación de cómo el rendimiento de su cartera se compara con los principales índices del mercado.

Stockpile

Stockpile le permiten invertir en el mercado de valores en incrementos más pequeños. Usted puede comprar acciones fraccionarias de cientos de acciones diferentes por tan solo $5. Hay una pequeña comisión de $0.99/operación, la cual es nominal en comparación con otros servicios que pueden cobrar hasta $10.00.

Los padres u otros adultos pueden comenzar a sus hijos con una tarjeta de regalo por tan solo $20. La pequeña cantidad vale la pena a largo plazo, ya que hace que los jóvenes empiecen con el pie derecho a aprender a administrar el dinero desde el principio.

Wealthfront

Esta aplicación hace que sea fácil ahorrar dinero para la educación universitaria. Los usuarios obtienen una visión detallada de su situación financiera y pueden hacer inversiones diseñadas para ayudarles a apreciar su capital. Puede comenzar de a poco y construir a medida que avanza. Se le brindará asesoramiento en función de la cantidad de riesgo que desea tomar y sus objetivos financieros.

E-Trade

E-Trade puede parecer un poco más caro que algunas de las otras aplicaciones, pero con razón. La aplicación está diseñada para que la investigación y el comercio de acciones sea lo más fácil posible. Puede operar con acciones, ETF y fondos mutuos y obtener todos los datos necesarios en tiempo real. Incluso puede obtener ayuda de uno de sus especialistas en inversiones reales para construir su cartera de la mejor manera posible.

Robinhood

La aplicación Robinhood abre las puertas a nuevos inversionistas permitiéndoles realizar pequeñas operaciones, todas ellas sin comisiones. Esta es la aplicación perfecta si todavía estás un poco indeciso a la hora de invertir. Usted puede comprar acciones, opciones, ETF y criptomonedas sin comisiones. Su nueva característica, Robinhood Gold, le permite operar fuera de horario y le da una línea de crédito para que pueda hacer compras más grandes si califica. No hay mucho en términos de comercio, investigación o apoyo personal, pero la plataforma es lo suficientemente sencilla de usar y que puede vencer a un servicio sin cargo.

El mundo de las inversiones financieras está cambiando. Vivimos en una era digital en rápida evolución, y con más aplicaciones de este tipo disponibles, ahora es más fácil que nunca para los nuevos inversionistas subir al escenario y comerciar como un profesional.

Conclusión

Sin duda, usted ha descubierto mucha información aquí que despertará sueños e ideas para el cambio. Juntos, hemos aprendido a romper esas cadenas financieras para que usted pueda literalmente encontrar su oportunidad de ser libre.

Piensa en ello. No importa por dónde empiece, solo importa por dónde termine. Incluso si usted está tan endeudado que no puede ver la salida, es posible navegar por ese laberinto y encontrar su camino hacia la libertad.

Todo comienza con un cambio de opinión. Cuando puede romper esas cadenas mentales que pueden mantenerlo en una "zona de seguridad", entonces es libre de explorar oportunidades rentables a la vuelta de cada esquina. Las acciones, positivas o negativas, son el resultado de cómo vemos nuestro mundo. Si quiere cambiar sus circunstancias, empiece por cambiar de opinión.

Después de identificar el modo de pensar correcto, aprendimos cómo cambiar sus circunstancias actuales para que pueda tener una mejor base financiera. Descubrimos que presupuestar puede ser emocionante y agradable. En lugar de ser solo una obligación, se convierte en una herramienta para obtener el control sobre su dinero.

A partir de ahí, pasamos a cómo administrar mejor su crédito. Después de todo, si usted va a estar creciendo en riqueza, el buen crédito será una parte esencial de ello. Esta es la receta mágica que podría cambiar tu vida y guiarte en la dirección correcta.

Pero, también discutimos cómo ser financieramente libre significaba más que simplemente salir de la deuda. Podemos optar por seguir trabajando por nuestro dinero o podemos encontrar maneras de conseguir que nuestro dinero trabaje para nosotros. Saber cómo invertir en acciones, bonos, bienes raíces u otras oportunidades lucrativas puede llevarnos a tomar riesgos que nunca habíamos pensado.

Imagina cómo su vida puede cambiar si no tuvieras que trabajar por cada centavo que ganó. En cambio, el dinero entra en tu vida sin esfuerzo. ¿Qué tan increíble sería eso? Su salud mejoraría, su estado mental mejoraría, su ansiedad sería reemplazada por alegría y excitación. Usted sería libre de pasar tiempo con su familia, tomar vacaciones juntos, o finalmente convertir sus sueños en realidad.

Ya sea que decida invertir en el mercado de valores o en criptomonedas, ya sea que quiera probar con bonos o bienes raíces, ahora tiene las claves para hacer lo que siempre ha querido hacer. Se necesita disciplina y coraje, pero ganar esa libertad puede ser una de las cosas más liberadoras de su vida.

Ahora tiene un mapa para llegar a su meta final de libertad financiera. Utilice este libro como guía y consúltelo a menudo, pero no se limite a ello. No importa cuán emocionantes e interesantes sean los consejos que encuentres en estas páginas, solo hay una manera de que funcionen para beneficiarte, y es ponerlos en práctica.

Algunas personas pueden sentirse abrumadas con esta cantidad de información y tratar de posponer el primer paso hasta que entiendan mejor. Eso podría retrasar sus posibilidades de éxito indefinidamente. No es necesario conocer todos los detalles sobre el mercado de valores para comenzar a invertir. No necesita conocer todos los detalles sobre el mercado de valores para comenzar a invertir. No necesita tener todos los puntos finos para comprar bienes raíces. Todo lo que necesita es el corazón y el deseo de hacerlo realidad.

Así que, adelante... No importa si empieza de a pocos, siempre y cuando de ese primer paso. Tienes las llaves de su propia libertad financiera aquí. Regrese a estas páginas, cree su plan y póngase en marcha. Ya está a mitad de camino; todo lo que le queda por hacer es ir a por ello. ¡No hay tiempo como el presente para cambiar su vida!